Le couple brisé

Dr Christophe Fauré

Le couple brisé

De la rupture à la reconstruction de soi

Nouvelle édition

Albin Michel

Sommaire

Quand l'amour s'achève…

« C'était un beau garçon – tendre, gentil, affectueux… Il me faisait rire et je me sentais bien avec lui. Sur le papier, on avait tout pour être heureux, mais voilà : après deux enfants et dix ans de vie commune, tout s'est arrêté presque du jour au lendemain… C'est lui qui est parti et, même aujourd'hui, je n'arrive toujours pas à comprendre ce qui s'est passé… »
« Audrey était la femme de ma vie – du moins c'est ce que je croyais : quand elle m'a annoncé qu'elle me quittait pour un collègue de travail avec qui elle avait une relation depuis un an, je n'y ai pas cru. C'était impossible ! Et pourtant, en dépit de tous mes efforts pour qu'elle revienne vers moi, j'ai compris un jour que c'était fini et que je n'avais pas d'autre choix que d'accepter cette situation… »

Tout le monde y pense. Tout le monde y croit. Tout le monde espère rencontrer, un jour, cet amour dont on nous fait la promesse depuis que nous sommes petits. Cet espoir nous accompagne à chaque instant de notre existence, il nous fait scruter dans les regards qui passent cette étincelle qui embrasera notre cœur.

Vous aussi, comme chaque être humain sur cette terre,

vous y avez cru. Vous avez rencontré cet homme ou cette femme et avez décidé d'unir vos vies pour le meilleur ou pour le pire. Vous avez espéré réussir là où tant d'autres échouent : construire un bel amour, profond et invincible, et lui donner la force de durer toute une vie. Ce n'était pourtant pas trop demander.

... Et puis, un jour, tout s'est effondré.

« Je veux divorcer... J'étouffe... J'ai besoin de vivre autre chose que cette vie étriquée où tout semble déjà écrit... Je ne suis pas heureuse avec toi... Je t'aime encore mais je veux te quitter... »

> « Il est parti comme ça, se souvient Alice, juste après une discussion où il m'a annoncé froidement son départ... Il a pris ses affaires et a quitté l'appartement sans même se retourner... J'étais sonnée ; j'ai voulu le retenir, je voulais qu'on parle mais c'était trop tard : il avait déjà tourné la page... »

Que sont devenues ces promesses du passé, quand on croyait que l'amour était roi ? Pourquoi, après toutes ces années de partage et d'intimité, en arrive-t-on aujourd'hui à tant de haine, tant de rancœur ou d'indifférence ?

Ce livre parle de l'amour qui se brise, de l'amour qui s'éteint. Il parle de ce temps de vie dont chacun d'entre nous risque de faire, un jour ou l'autre, la douloureuse expérience.

Mais si ce temps de souffrance semble si universel, pourquoi sommes-nous, chaque fois, plongés dans la plus totale ignorance de ce que nous sommes en train de vivre ? Pourquoi à la déchirure de la rupture s'ajoute l'angoisse d'un processus dont on ne connaît rien ?

Lorsqu'on se marie, des rituels sociaux balisent notre chemin. Ils nous enseignent quoi dire, quoi faire et à quoi nous attendre dans le dédale du sentiment amoureux. De même, pour un deuil après le décès d'un proche, il est possible de se rattacher aux rituels qui ont été mis en place au cours des siècles pour faire face à la perte. Mais pour la séparation, il n'y a rien : aucun rituel social, aucun guide – si ce n'est les conseils parfois très maladroits ou inadaptés de ceux et celles qui ont, à tâtons, traversé cette même épreuve. Alors que les hommes et les femmes se séparent depuis la nuit des temps, on se retrouve ainsi démuni face à une souffrance dont on ne sait que faire. On doit apprendre à se débrouiller seul, sans repère pour canaliser le flot désordonné de ses émotions contradictoires. Le processus de séparation engloutit de précieuses années de notre vie et pourtant, on en ignore le sens, la portée et la signification. On est soudain pris de court face à des situations auxquelles on n'est pas préparé. Comment se comporter ? Que faire ? Que dire ? Comment comprendre ce qui se passe ? Pourra-t-on un jour sortir de ce marasme ? Pourra-t-on un jour de nouveau aimer, ou être aimé ?

Ce livre tente de répondre à ces interrogations. Je l'ai écrit en utilisant les mots des personnes que je rencontre dans mon cabinet et qui, comme vous, traversent ou ont traversé cette période chaotique de leur existence. Il décrit la trajectoire de l'amour qui s'achève et tente de clarifier ce qu'est véritablement le processus de deuil de la relation affective.

Savoir à quoi s'attendre n'enlève rien à la douleur, mais j'ai la certitude que cela aide à faire face d'une manière plus constructive et peut-être plus efficace. Quand on se retrouve en plein tourment, il est rassurant de savoir qu'il existe une certaine cohérence dans ce qu'on est en train de vivre : on peut replacer le tumulte des émotions dans un contexte, en fonction d'étapes plus ou moins bien définies. On est ainsi plus à même de reconnaître certains pièges, d'envisager des possibilités auxquelles on n'aurait pas pensé, voire d'anticiper certaines difficultés et de les éviter. Cette connaissance est une réelle protection contre la violence de la rupture, car elle aide à donner une structure et une relative prévisibilité à ce qui semble, au premier abord, absurde et vide de sens.

Ce livre s'adresse à toute personne qui fait l'expérience de la séparation, après une relation significative. Qu'est-ce qu'une relation *significative* ? C'est un lien d'amour fondé sur un investissement affectif important, qui provoque une souffrance *durable* lors de la rupture. Si la durée de ce processus de deuil est étroitement liée à celle de la relation, néanmoins il serait faux de dire qu'un lien affectif de courte durée (quelques semaines ou quelques mois) ne peut pas provoquer une authentique détresse quand il se rompt. Certes, pour une aventure de quelques semaines, le processus de séparation sera évidemment beaucoup plus court que pour une relation de vingt ans. Cependant, dans tous les cas, la dynamique en jeu reste très similaire ; on retrouvera toujours les mêmes étapes, à un degré ou à un autre.

J'ai également écrit ce livre avec un regard sur l'avenir, quand, après la séparation, émerge à nouveau en soi le désir de reconstruire une autre relation d'amour. En effet, il est essentiel de comprendre que la manière de vivre la séparation du présent jettera les bases des relations affectives à venir. Il est précieux de comprendre ce qui s'est passé dans la relation qui s'achève et pourquoi on en est arrivé là, car la confrontation honnête et lucide avec les erreurs du passé est le plus sûr moyen de ne pas reproduire des schémas relationnels destructeurs, ceux-là mêmes qui aujourd'hui ont conduit à la rupture. La compréhension des erreurs du passé peut aider à reconstruire l'avenir.

Prendre en compte les deux partenaires

Une des difficultés dans la rédaction de ce livre a été de ne pas privilégier l'un ou l'autre des partenaires. Le processus de séparation forme un tout qu'il est impossible de fragmenter. Ainsi, que vous ayez décidé de mettre un terme à la relation ou que vous soyez quitté(e) ne change rien à la compréhension du processus de séparation. Son exploration impose la prise en compte des *deux* partenaires, car chacun a sa façon propre de vivre les différentes étapes. Je pars du constat que les deux partenaires sont en souffrance. Certes, ils n'éprouvent pas les mêmes choses en même temps ; leurs émotions surviennent à des moments différents du processus mais elles sont fondamentalement similaires. La souffrance est authentiquement présente chez l'un et l'autre.

Il existe mille façons de créer un lien d'amour. Qu'il soit question de couple hétéro ou homosexuel, de mariage, de concubinage, d'union libre ou de Pacs, ce sont toujours deux personnes qui décident de s'unir l'une avec l'autre. Les termes *séparation* et *rupture* seront donc privilégiés pour éviter de parler uniquement de *divorce*, ce qui exclurait les couples ayant choisi un autre mode relationnel que le mariage. Enfin, l'alternance aléatoire du féminin et du masculin a pour seule fonction de ne pas alourdir le texte : il ne faut donc voir, dans les exemples donnés, aucun sexisme ou parti pris en faveur de l'un ou l'autre sexe. Chacun s'y retrouvera et ajustera les mots à sa propre situation !

Avant même de commencer votre lecture, sachez qu'elle risque de ne pas être sereine de bout en bout. Certains passages vont immanquablement vous heurter ou vous irriter, au point que vous hésiterez parfois à aller plus loin. C'est inévitable ! Certains passages risquent même de réactiver des moments pénibles de votre séparation et vous n'avez pas nécessairement envie de revenir sur des souvenirs aussi douloureux ! Par ailleurs, nous sommes tous humains, donc profondément imparfaits, sujets au mensonge, à l'hypocrisie, à la malveillance ou à la mauvaise foi... La séparation est un redoutable révélateur qui a le très inconfortable pouvoir de faire émerger ces aspects extrêmement sombres de nous-mêmes. N'oubliez pas que le fait que la lecture de certains chapitres réactive votre peine ou vous irrite peut vous donner une clef de compréhension si vous acceptez d'aller plus loin dans votre introspection. La tristesse ou la colère sont parfois des signaux qu'on se lance à soi-même. Le texte fait résonner ce que l'on sait déjà, sans oser se l'avouer. Il peut aussi amplifier ce qu'on refuse d'entendre. Écoutez donc ce que vous avez à vous dire. Mon souhait est de vous inviter à vous confronter à certaines attitudes et émotions négatives qui apparaissent au cours du processus, afin que vous puissiez avoir une action directe sur elles. C'est une façon saine et constructive de progresser.

Enfin, si vous découvrez, au fil des pages, des éléments susceptibles d'être utilisés contre votre partenaire, je vous demande de ne rien en faire ou, si vous décidez malgré tout de vous en servir, de comprendre au moins ce qui vous motive. La connaissance doit être source de sagesse et non de pouvoir. La séparation est capable de fermer les cœurs et de révéler de terribles aspects de soi-même. Ce livre n'a pas pour propos de conforter la position ou la légitimité de qui que ce soit ; il n'a pas pour objectif de constituer une « arme » pour attaquer un partenaire dont on voudrait la peau. Il est donc essentiel de ne pas le détourner de sa fonction première, qui est d'aider les deux partenaires à cheminer le long d'un processus qui est, par essence, douloureux.

Comprendre le processus de séparation

Il est impossible d'être exhaustif dans la description d'un processus humain. Chacun est unique dans sa manière de le vivre. Néanmoins, ce qui va suivre correspond au vécu de la grande majorité des personnes qui se séparent – il y a en effet des traits communs à toutes les situations et les lignes de force du processus sont identiques quand on les regarde dans leur ensemble. Mais ce descriptif a toutes les chances d'être incomplet, voire faux, si vous considérez votre histoire avec ses multiples particularités ! Ne prenez donc pas ce qui est écrit au pied de la lettre : cela n'est qu'un outil, la carte géographique d'un territoire flou et hautement subjectif. Il est normal que vous ne vous y retrouviez pas en tout point. Vous ne devez jamais oublier que ce qui prime est votre propre expérience et l'unicité de votre vécu personnel.

Un processus en cinq étapes

Le processus de séparation se divise arbitrairement en cinq étapes distinctes, qui couvrent une durée d'un an et demi à quatre ans. Certains parcourent rapidement et aisément chaque étape – parfois même en une seule année, d'autres éprouvent davantage de difficultés avec de nombreux arrêts et retours en arrière. Cette fourchette de temps est, dans mon expérience, nécessaire pour retrouver un plein équilibre intérieur, être suffisamment détaché émotionnellement de son partenaire et reconstruire une vie satisfaisante et stable. Mais ce ne sont bien sûr que des moyennes : chaque étape varie en durée et peut chevaucher la suivante ; il n'y a pas de règle fondamentale : chaque personne les traverse à son rythme propre. Cependant, fixer un repère dans le temps invite à mobiliser toute son énergie pour faire en sorte que chaque étape ne dure pas plus longtemps que nécessaire. En effet, la durée du processus est étroitement liée à la quantité de « travail » psychologique qu'on acceptera de faire sur soi-même.

Je ne sais pas où vous en êtes aujourd'hui. Mais je sais que, comme tout un chacun, vous n'avez pas envie d'avoir mal. De ce constat jaillit le désir impérieux de tout faire pour arrêter la souffrance. Alors soyez vigilant(e) : le processus de séparation est un processus naturel de cicatrisation de la blessure de la rupture ; il a ses impératifs et *certaines étapes ne peuvent et ne doivent pas être court-circuitées.* Il ne s'agit pas de se complaire dans le malheur, mais il est essentiel de savoir que les mécanismes psychiques en jeu dans le processus de séparation ont leur dynamique propre et qu'on a tout à gagner à les accompagner plutôt qu'à les contrecarrer : c'est à ce prix qu'on avance et que, finalement, on sort du tunnel – à ce seul prix. Alors, ne cherchez pas à aller trop vite : ça ne sert à rien. Vous n'avez pas d'autre choix que de vous confronter à ce qui se présente à vous, posément, pas à pas, avec courage et détermination. C'est un énorme effort à fournir sur la durée et il ne sera possible que si vous apprenez à prendre soin de vous.

La première étape concerne essentiellement le/la partenaire qui décide d'interrompre la relation. C'est le début du processus de deuil de celui ou de celle qui part. On y explorera le cheminement intérieur qui aboutit finalement à la rupture. L'autre partenaire reste au second plan, car il n'a pas de participation active à ce point du processus. Il y joue un rôle indirectement, par le jeu des interactions inconscientes au sein du couple, mais il n'en est pas partie prenante.

La deuxième étape correspond à l'annonce de la rupture à proprement parler : le partenaire devient explicite sur son désir de clore la relation. C'est le temps du choc et de l'incrédulité pour celui ou celle qui reçoit la nouvelle. L'annonce marque son entrée consciente dans le processus de séparation et le début de son propre travail de deuil de la relation. Aux abois, il/elle revendique son droit à la parole et propose des alternatives ou des compromis.

La troisième étape est marquée par la puissante vague émotionnelle qui balaie le couple : la colère explose, la culpabilité s'impose, la détresse, la peur et la dépression gagnent du terrain, chacun des partenaires vivant la séparation à des niveaux différents. Autant d'émotions et de sentiments sur lesquels nous nous arrêterons en détail.

La quatrième étape inaugure un temps de convalescence après le traumatisme de la séparation : c'est le moment des premières reconstructions où on va d'abord à l'essentiel avant d'envisager l'avenir. Il s'accompagne d'une réflexion en profondeur sur le sens de la séparation : pourquoi, comment en est-on arrivé là ? que s'est-il vraiment passé ?

La quatrième étape sera aussi l'occasion d'aborder la question des enfants confrontés à la séparation de leurs parents : on trouvera quelques repères pour les aider à traverser au mieux cette première crise majeure de leur existence.

La cinquième étape, enfin, est une ouverture sur le futur. On redéfinit son regard sur le monde, sur autrui, sur son partenaire d'autrefois et sur soi-même. On fait le bilan du passé pour se tourner vers l'avenir et – pourquoi pas ? – vers la perspective d'un nouvel amour...

On me demande souvent ce qui me motive à écrire sur tel ou tel sujet dans mes livres. La vérité est que, bien souvent, je puise directement dans ma propre histoire ! Quand j'avais neuf ans, mes parents ont divorcé. Dans les années 70, le divorce n'était pas entré dans les mœurs comme il l'est aujourd'hui. J'étais le seul dans ma classe à avoir des parents divorcés et je me souviens encore de ma honte cuisante à être ainsi stigmatisé. Les choses ont heureusement bien changé et les enfants de parents divorcés ne se sentent plus aujourd'hui comme des « aliens » !

Au-delà de ma peine et de ma confusion d'enfant, je me souviens très bien de la détresse de mes parents et de la confusion qui s'est abattue sur notre famille durant cette pénible période. J'ai écrit ce livre en pensant à eux avec tendresse. J'aurais tellement aimé qu'ils puissent trouver un livre comme celui-ci : cela leur aurait peut-être épargné bien des souffrances, tant pour eux-mêmes que pour leurs deux petits garçons (mon grand frère et moi) qui essuyèrent cette tempête à leurs côtés.

Mais, même si on ne refait pas l'histoire, on peut du moins en apprendre quelque chose et transmettre ce que l'on a appris. Au fil des années, des centaines de personnes se sont confiées à moi, faisant part de leur souffrance à voir leur vie de couple voler en éclats. À chaque fois, je l'avoue, une partie de moi écoute leurs récits avec les oreilles d'un petit garçon de neuf ans, impuissant face à une situation qui lui échappait totalement, mais le professionnel que je suis devenu est heureux de pouvoir aujourd'hui concrètement aider ces personnes à traverser cette épreuve, afin qu'elles en ressortent grandies.

Ainsi, que vous soyez « quittant(e) » ou « quitté(e) », mon souhait le plus cher est que ce livre vous aide à aller au-delà de votre peine. Qu'il soit un compagnon sur votre chemin. Rassurez-vous : aussi douloureuse que puisse être votre vie en ces temps de chaos, vous allez vous en sortir. Cette souffrance ne va pas durer éternellement : c'est une promesse que je peux vous faire à la lumière de toutes mes années d'accompagnement des personnes en cours de rupture. Avancez pas à pas, avec patience et détermination. Même si vous en doutez aujourd'hui, vous avez la capacité de faire de cette épreuve une réelle opportunité de développement personnel. C'est une question de choix, de courage et de responsabilité : choisir d'être heureux en dépit de tout et assumer pleinement la responsabilité d'être l'acteur (ou l'actrice) de votre propre existence.

1.

Première étape : le temps du doute

C'est la fin de l'après-midi. Les derniers rayons d'un pâle soleil d'automne diffusent encore un peu de lumière dans le cabinet du psy. Un homme est assis en face de lui, le front soucieux. Il regarde longuement sa bague de mariage, qu'il fait tourner autour de son doigt. Il a l'air fatigué, mais il semble déterminé, tristement, amèrement déterminé.

> « Ce que je vis avec mon épouse ne veut plus rien dire. C'est absurde... Je me sens à la dérive... Je suis complètement paumé... »

Un jour, imperceptiblement, on commence à prendre conscience qu'on n'est pas heureux... ou du moins pas tout à fait... ou pas complètement. En tout cas, on sent que « quelque chose » ne va pas, que « quelque chose » manque, sans qu'on sache vraiment quoi : c'est là, dans le creux du ventre, un sentiment diffus qui s'estompe quand on tente de le définir plus précisément. Quand cela a-t-il commencé ? Peu importe finalement. Le fait est que, depuis quelque temps, on recherche à l'intérieur de soi ce qui pourrait expliquer ce malaise insidieux, cette tristesse sourde qui s'abat, alors qu'on pense tout avoir pour être raisonnablement heureux.

Parfois, on tourne très longtemps en rond, alors que, bien souvent, on sait déjà de quoi il retourne. Parfois, en revanche, tout est très clair, et très brutal : après une énième dispute avec son compagnon, on s'effondre en larmes, épuisée physiquement et psychologiquement par ces conflits stériles sans cesse renouvelés ; on n'en peut plus de ravaler, encore et encore, sa rage et sa frustration, face à l'indifférence, l'ironie ou le mépris.

Il n'y a plus à chercher ailleurs, il n'y a plus à se raconter d'histoires : c'est là, dans sa vie, dans son lit, au cœur même de son intimité et de ce qu'on croyait être sa sécurité. Cette angoisse larvée, c'est le constat que ce mariage ou cette relation affective dans laquelle on se trouve depuis six mois, quatre ans, quinze ans est à la source même de son mal de vivre. Pourtant, on se tait. On n'ose rien dire parce qu'on n'est pas sûr et parce que, le plus souvent, ce sentiment d'inconfort reste néanmoins trop diffus. Il n'est pas toujours présent : il va et vient, incertain et fugace, présent un jour, absent le lendemain. On ne peut s'y fier, on interroge sa pertinence. Il peut survenir après des années d'une relation paisible et confortable, sans qu'on parvienne à en trouver la cause ni l'origine. Alors, pourquoi lui accorder du crédit ? On se tait aussi parce qu'on ne sait même pas ce qu'on aurait à en dire. Ce malaise est d'autant plus difficile à partager avec son/sa partenaire qu'on en ignore la cause véritable et qu'on en redoute les conséquences. On ne comprend pas ce qu'on ressent. On se tait parce qu'on a peur de se tromper ou de percevoir une réalité à laquelle il serait trop effrayant de se confronter. Alors, au début d'un processus dont on ne remarque pas la mise en route, on ne dit rien. On fait semblant de croire qu'il n'y a pas le moindre problème et que finalement tout va bien.

Mais on a beau se taire, s'imposer le silence, qu'on le veuille ou non, un mouvement s'initie à l'intérieur de soi-même. Ce « quelque chose » n'a de cesse de se rappeler à nous, même si tous les efforts sont déployés pour ne pas l'entendre – cette réticence est la force du déni ; c'est la force d'une intuition qui nous prévient que prêter l'oreille à cette requête insistante risque de nous mener là où on ne souhaite pas aller. Le déni de ce ressenti intérieur peut être, pour un temps, protecteur, nous invitant à remettre à plus tard – voire à jamais – une confrontation qui semble pourtant incontournable. Mais ce déni a un prix. Il implique qu'on coule en soi une chape de béton sur un vécu douloureux. En le refoulant en fond de nos pensées et en espérant ainsi l'anesthésier, on lui donne au contraire force et pouvoir : à notre insu, on en fait un ennemi inconscient et donc invisible. Il travaille dans l'ombre et nous impose de mobiliser toujours plus d'énergie psychique pour préserver cette vaine illusion que tout va pour le mieux dans le meilleur des mondes.

> « Je savais que je n'aimais plus mon mari, confie Virginie, mais tout en moi s'opposait à cette pensée : nous avions construit tant de choses ensemble – une magnifique famille, un cercle d'amis qui nous aimaient et admiraient la réussite de notre couple... Il m'était impossible de laisser cette pensée m'entraîner sur un chemin aussi effrayant. Pourtant, jour après jour, elle s'imposait à moi, jusqu'à ce que je fasse une attaque de panique dans un embouteillage ! L'habitacle confiné de ma voiture était à l'image de l'enfermement dans lequel je me trouvais dans ma vie personnelle... »

Prendre le risque de regarder en face le cours de ses pensées est une étape importante à ce stade très précoce où le doute s'installe. Rester dans le déni et s'enfouir la tête dans le sable n'est jamais une façon efficace de résoudre les problèmes. Les difficultés du couple, anodines initialement mais régulièrement passées sous silence, risquent, à terme, de créer la base d'une mésentente plus profonde, qui met alors réellement en danger la relation.

Par chance, le malaise que l'on ressent peut s'avérer très positif : il nous contraint à une confrontation directe avec ce qui le nourrit. En effet, la prise de conscience précoce de l'inconfort qui grandit en soi peut survenir à un moment où la relation n'est pas encore trop abîmée. Si on accepte d'entendre ce que nous dit ce mal-être, nous pouvons encore contrecarrer une dégradation de la relation qui pourrait devenir inéluctable si on la laissait pourrir : à ce point, la relation semble encore « viable » et il est possible qu'on y soit suffisamment attaché pour avoir envie de se battre pour elle.

Néanmoins, quelque chose de fondamental se joue ici. Sans qu'on s'en rende compte, un déséquilibre s'amorce au sein du couple : on est seul(e) à s'engager dans un questionnement de fond sur l'état de la relation et notre partenaire est probablement dans la plus complète ignorance de ce qui se passe dans notre tête. Du fait de nos doutes et de notre silence, il/elle ne dispose que de très peu d'indices susceptibles de lui mettre la puce à l'oreille. Ainsi, à ce stade donc, l'un « sait », l'autre pas…

Regarder à l'intérieur

Qu'implique donc cette confrontation intérieure ? C'est avant tout une démarche de clarification : pour essayer de comprendre la raison du trouble qui nous envahit, nous tentons, de façon plus ou moins consciente, de faire un état des lieux de la relation, afin de définir là où nous en sommes vraiment. Le problème est que, quand on dresse la liste des divers causes et « symptômes » de sa dégradation, il est difficile de ne pas se tromper et de faire correctement la différence entre une cause et une conséquence, le symptôme et la maladie. Par exemple, un problème sexuel persistant peut être la véritable cause de la dégradation du couple, mais il peut aussi être le symptôme de quelque chose d'autre, existant à un autre niveau de la relation et s'exprimant sur le plan sexuel : difficultés de communication, conflits de pouvoir, etc.

Notre exploration peut se faire à deux niveaux – souvent complémentaires l'un de l'autre.

Le premier niveau est celui des causes que l'on identifie comme étant à l'origine de la dégradation de la relation. Ces circonstances ne signifient pas qu'il y aura nécessairement rupture : ce sont, en quelque sorte, des facteurs de risque de séparation. L'enjeu est de les aborder de front pour tenter d'en modifier l'impact.

Le second niveau renvoie à un « climat » particulier au sein du couple. Il peut être relié à une cause particulière, mais peut aussi s'installer sans qu'aucun facteur de risque soit mis en évidence ; c'est, semble-t-il, le cas de figure le plus fréquent. Ces différents climats affectifs concernent toutes sortes de « pertes » : perte d'intérêt réciproque, perte de l'envie de communiquer, perte du désir sexuel.

Les points de fragilité de la relation

Certains événements peuvent sérieusement menacer l'équilibre du couple, sans pour autant annoncer sa disparition à courte échéance. Ils ont valeur de signaux d'alarme. Ce qui détermine leur « dangerosité » est l'attitude des partenaires face à la crise relationnelle qu'ils engendrent.

Les problèmes de santé

« J'aimais mon mari… mais sa tumeur cérébrale – même si elle est bénigne – l'a rendu totalement dépendant de mon aide et de ma présence pendant trois ans. J'ai stupidement refusé le soutien logistique qu'on me proposait car je voulais être à la hauteur de cette tâche. Mais cela m'a complètement épuisée et, sans m'en rendre compte, l'amour qui existait entre nous s'est éteint face aux contraintes du quotidien. Il est aujourd'hui stabilisé et nous avons décidé de nous séparer... »

La maladie grave chronique d'un partenaire (cancer lentement évolutif, maladie neurologique dégénérative...) ou un handicap physique important (paraplégie, tétraplégie...) jettent une charge considérable sur les épaules du conjoint. Le danger vient de l'épuisement physique et psychologique que cela risque de provoquer chez ce dernier. Les contraintes qui s'exercent immanquablement sur le couple sont extrêmement importantes et peuvent avoir raison de l'amour le plus sincère. Beaucoup de proches ne se donnent pas la possibilité d'être aidés autant qu'ils en auraient besoin et ils se retrouvent sans possibilité de se ressourcer ailleurs, tant physiquement que psychiquement. C'est pourtant une condition indispensable pour garder l'amour vivant et préserver la relation sur le long cours.

D'autres problèmes de santé sont susceptibles de mettre en péril la relation : l'alcoolisme d'un des conjoints, l'utilisation de drogues « dures », l'émergence d'une maladie mentale... Seul le recours à des professionnels et à des structures de soins spécifiques permet d'infléchir la violence potentielle de ces situations. La pression sur le couple est intense et beaucoup de conjoints, rongés par la culpabilité et la crainte du jugement d'autrui, restent des années dans un état de stress aigu avant de décider de partir car ils ne supportent plus la situation.

Il y a peut-être pire encore : quand la maladie grave ou la mort frappe son enfant. Un tel événement éprouve violemment l'intégrité du couple. Certaines statistiques affirment que deux couples sur trois rencontrent de graves difficultés conjugales et/ou se séparent après la maladie ou le décès de leur enfant. Il convient de moduler ces chiffres : en effet, la maladie ou le décès d'un enfant ne fait souvent qu'aggraver ou rendre encore plus manifestes des difficultés relationnelles *préexistantes* à la maladie ou à la disparition de l'enfant. Jusque-là, les deux partenaires parvenaient à « composer », mais la violence de la maladie ou du décès devient un trop puissant révélateur de la dysharmonie conjugale : il est désormais impossible de continuer à la nier. Tout dépend alors de la situation du couple *avant* ces événements !

Face à ces circonstances douloureuses, la souffrance et l'impuissance des parents sont telles qu'ils ne parviennent plus à s'aider mutuellement. La douleur de la perte ou la culpabilité d'avoir « failli » à son rôle de parent peuvent être intolérables, au point qu'on se sépare pour ne plus être confrontés au regard de l'autre. La menace vient aussi du fait qu'on ne se parle plus et qu'on ne partage plus rien tellement chacun a mal. La séparation n'est pas une fatalité, mais une extrême vigilance s'impose si on veut préserver la relation. Il vaut mieux prévenir que guérir. On sait aujourd'hui qu'il est extrêmement bénéfique pour les deux parents d'être accompagnés et soutenus psychologiquement au cours de la maladie de leur enfant et, le cas échéant, durant le deuil. Incidemment, le père ne doit pas s'exclure de cette aide potentielle, comme il a trop tendance à le faire, pensant qu'il n'a pas besoin d'être aidé ; c'est une erreur, car cela peut créer un déséquilibre émotionnel dans le couple. La rupture de communication risque d'en être d'autant plus prononcée.

Les remaniements familiaux

« Avec la naissance de notre fils, je m'attendais à un épanouissement de notre couple, confie Émilie, mais tout s'est passé exactement à l'opposé de ce que j'avais imaginé : Nicolas est devenu froid et distant et, un an après, il m'a révélé qu'il partait pour une autre femme ! Ses explications ? La vie de famille l'étouffait… il n'avait plus de désir pour moi maintenant que j'étais devenue mère… C'est hallucinant d'en être arrivé là, sans m'en avoir jamais parlé ! »

L'arrivée d'un enfant est accueillie avec bonheur mais modifie en profondeur les lignes de force qui régissent le couple. C'est un changement majeur dans la relation et certains parents sont pris de court devant son ampleur ! Il faut savoir anticiper car la nouvelle répartition des rôles au sein de la famille peut miner la dynamique du couple. C'est ce qu'on appelle le « baby clash » – quand le couple implose après la naissance d'un enfant ! Il arrive que certaines femmes préfèrent valoriser leur statut de mère, consciemment ou non, au détriment de celui d'épouse : l'enfant devient le centre de leur existence, tandis que le père est relégué au second plan. N'ayant plus l'impression d'avoir une place légitime à la maison, ni d'exister en tant qu'époux, il déclare forfait et est tenté d'aller voir ailleurs.

Un autre exemple, plus rare celui-ci : le conflit peut se polariser sur l'impossibilité à procréer de l'un des partenaires. L'un propose d'adopter un enfant, l'autre refuse : il/elle veut à tout prix son propre enfant et ce désir va au-delà de l'amour qu'il/elle porte à son conjoint. S'il n'y a ni entente ni compromis, c'est l'impasse, et la séparation devient inévitable.

De même, dans les situations de famille recomposée, il arrive parfois qu'une femme encore en âge de procréer fasse pression sur son compagnon plus âgé qui a déjà plusieurs enfants ados d'une précédente union. Elle insiste pour avoir son propre enfant et son compagnon refuse, estimant qu'il n'est plus à ce stade de sa vie. L'incompréhension mutuelle et l'incompatibilité des deux postures sont parfois telles que les deux partenaires, même s'ils s'aiment, n'ont pas d'autre choix que de se séparer.

Dans un autre cas de figure, il se peut que le couple soit amené à vivre dans une trop grande proximité avec les parents d'un des conjoints (voire à vivre sous le même toit pour des raisons financières ou des impératifs médicaux !). Cette trop forte proximité est potentiellement source de conflits et de déchirements. Volontairement ou non, les parents risquent de prendre une place envahissante dans l'intimité du couple, si les conjoints ne sont pas suffisamment vigilants. Certains même estiment que cette proximité leur donne un droit de regard sur la vie du couple ou sur l'éducation de leurs petits-enfants. L'enfant-adulte est pris entre deux feux ; il doit fixer les limites que cette situation impose. À défaut d'une clarification de la place de chacun, la vie à la maison risque de devenir infernale : l'épouse est furieuse devant ces intrusions dans sa vie privée, alors que son mari n'arrive pas à s'opposer à la pression parentale ; mais il s'exaspère des réflexions de son beau-père, qui traite toujours son épouse comme une petite fille. Pour préserver la paix des foyers, cette configuration familiale impose de poser très clairement des limites et de redéfinir la place de chacun. Il y a là, au sens propre, péril en la demeure.

Un dernier exemple renvoie à nouveau aux difficultés de la famille recomposée. Le nouveau couple peut se retrouver sous l'emprise de forces contradictoires qui le font éclater : hostilité des beaux-enfants vis-à-vis de leur beau-parent, impossibilité du parent d'imposer à ses enfants l'autorité du beau-parent, intrusion massive de l'ex dans la vie familiale, sans que le conjoint y fasse obstacle, etc. Ce sont des motifs fréquents de rupture. Ils expliquent en partie pourquoi 60 à 65 % des deuxièmes mariages avec enfants se terminent par un divorce ! Si vous vous retrouvez dans une telle situation, je vous invite à lire un de mes ouvrages consacrés à la famille recomposée : *Comment t'aimer toi et tes enfants ?* Vous y trouverez des pistes pour avancer dans ce territoire potentiellement miné !

Les divergences de vues et de priorités

« Je pensais que nous étions en phase sur la vie de couple, explique Mathieu, mais j'ai compris qu'Isabelle avait une vision très "famille-famille" qui réduisait progressivement nos relations avec autrui – notamment mes amis que je voyais de moins en moins. Dès que je lui faisais remarquer que nous étions en train de nous replier sur nous-mêmes, elle se mettait en colère, estimant que notre famille avait la priorité et que je ne devrais pas avoir besoin d'autre chose en dehors d'elle. J'ai essayé d'accepter cet état de fait, mais je n'ai pas supporté cette limitation de mon espace de vie et nous nous sommes finalement séparés... »

La vie de couple a ses exigences : elle est faite de compromis, d'attentes et de contrats tacites dont le respect garantit sa pérennité. Elle impose aussi certains choix et une hiérarchisation des objectifs de vie. Les problèmes surviennent si l'un des partenaires ne considère pas la vie de couple comme une priorité absolue : à ses yeux, la relation arrive en deuxième ou troisième position, derrière, par exemple, la carrière professionnelle ou le maintien des liens avec la famille d'origine. Cette attitude conduit parfois à prendre des décisions totalement incompatibles avec la poursuite de la relation : il accepte une mutation professionnelle dans un pays du Sud-Est asiatique, alors qu'elle refuse catégoriquement d'être séparée de ses parents âgés ; suite à l'héritage de l'exploitation agricole parentale, telle femme ne conçoit désormais sa vie qu'à la campagne, alors que son compagnon est un citadin forcené... À plus ou moins long terme, si aucun terrain d'entente ne peut être trouvé, la rupture semble inéluctable, car le couple ne trouve pas l'espace nécessaire pour exister ensemble sereinement.

Des incompatibilités profondes ou des attitudes incompatibles avec la personne que l'on est peuvent également être à l'origine de crises graves au sein du couple. Au fil du temps, on découvre chez son/sa partenaire des comportements, des valeurs ou des principes qui nous heurtent, de sorte qu'il est impossible de poursuivre la relation. Consterné, on l'entend tenir en public des propos révisionnistes, xénophobes ou homophobes ; on surprend son conjoint dans des attitudes équivoques sexuellement vis-à-vis de son enfant ; le conjoint fait preuve d'un machisme qui frise l'humiliation ; la compagne se comporte avec une indécence ordurière quand elle est sous l'emprise de l'alcool... En dépit de l'amour et des efforts qu'on déploie pour accepter ou infléchir ces attitudes, la situation devient parfois intolérable et cela conduit à terme à la rupture.

À un tout autre niveau, plus anecdotique, l'incompatibilité peut se révéler d'ordre sexuel, quand l'un des partenaires découvre, ou assume, son homosexualité, et désire la vivre ouvertement. Hormis de rares aménagements possibles, le couple perd sa raison d'être et l'annonce de l'homosexualité mène à la rupture.

Les causes liées au passé

« Après deux années de mariage, raconte Élodie, j'ai compris qu'il était vain d'espérer que mon mari change : il est d'une jalousie presque maladive et il devient très parano quand, par exemple, je rentre un peu tard du travail. Je sais que cela est en relation directe avec les infidélités à répétition de sa mère quand il était petit. Il a vu son père en souffrir énormément et j'imagine que c'est cette même souffrance qu'il redoute de revivre aujourd'hui. Le problème est qu'il ne veut pas aller chez un psy pour en parler et je refuse de porter les conséquences de son passé. Cela a été si loin que nous sommes en train de divorcer. »

La dégradation du couple ne s'explique pas toujours par des événements ou des circonstances du présent. Elle peut renvoyer à des raisons plus profondes et plus anciennes, pour la plupart liées à l'enfance ou à l'adolescence d'un des partenaires. Ce sont elles qui entraînent le délitement progressif de la relation, et elles sont d'autant plus « puissantes » qu'elles sont inconscientes, et donc pas directement accessibles sans un travail préalable. La plupart du temps, leur mise au jour implique une démarche psychothérapeutique, mais peu de gens s'y engagent et la relation meurt sans qu'on lui ait donné une chance.

Les « pertes » au sein du couple

Au-delà des situations qui viennent d'être décrites, on ne parvient pas toujours à mettre le doigt sur les raisons exactes de la dégradation progressive de la relation. On ne retrouve pas de facteur déclenchant évident au premier abord. Elle se manifeste alors par une multitude de « pertes » qui, lentement et insidieusement, s'installent dans les interactions du quotidien. Ces « pertes » génèrent un climat affectif particulier qui, si rien n'est mis en œuvre pour annuler leurs effets, érode le couple au fil du temps. Cette érosion progressive peut, à elle seule, être à l'origine de la rupture.

La perte d'intérêt l'un pour l'autre

L'amour, c'est avoir le souci l'un de l'autre. Quand l'attention à l'autre s'émousse, l'amour s'estompe dans une même mesure. Prendre soin d'une relation, c'est comme s'occuper d'une plante : si on ne l'arrose pas très régulièrement, si on n'y prête pas attention, cette plante, aussi belle et luxuriante soit-elle initialement, se flétrit et meurt doucement. Il est possible, jusqu'à un certain point, de faire marche arrière en lui redonnant de l'eau. Mais, si on la néglige trop longtemps, on arrive à un point de non-retour. Le processus de mort devient inéluctable : il est trop tard et tous les efforts pour sauver la plante seront vains. De même, la relation d'amour a besoin qu'on prenne très régulièrement soin d'elle. Si on la néglige trop longtemps, considérant qu'elle ne nécessite pas d'attention particulière, on arrive un jour à un point de rupture : quels que soient les efforts déployés, il sera trop tard. La relation agonise lentement car elle n'aura plus assez de force vitale pour reprendre son cours.

Mais si l'enjeu est si important, pourquoi cette négligence ? Pourquoi ce manque d'attention ?

C'est la force de l'inertie. C'est la force de l'habitude, de la routine ; la « flemme » de se confronter aux inévitables petits soucis de la vie de couple : on laisse courir, on ne fait pas – on ne fait plus – attention parce que aujourd'hui on prend la relation comme allant de soi. On pense, à tort, qu'elle se suffit à elle-même et qu'il n'y a pas d'effort particulier à fournir pour qu'elle continue à exister. On considère que la relation est acquise à tout jamais. On n'arrive à ne même plus avoir conscience de tous les petits accrocs et négligences qui, au fil du temps, s'accumulent et finissent par l'altérer de l'intérieur. Un jour pourtant, on se retrouve avec une plante morte dans son pot, sans qu'on ait rien vu venir !

Depuis quand ne se fait-on plus de petits cadeaux, ces « petits riens » qu'on était tout content de rapporter à la maison pour faire une surprise ? Depuis combien de temps n'est-on pas partis tous les deux en week-end, sans les enfants, avec le désir de passer du temps ensemble pour se parler, s'écouter et se découvrir à nouveau ? Depuis combien de temps ne s'est-on pas tranquillement posés pour prendre soin de soi et être présents l'un à l'autre ? Depuis combien de temps ne s'est-on pas dit et montré qu'on s'aimait ?

On pense que c'est la faute du quotidien. Mais on laisse les choses en l'état et, de fil en aiguille, on en arrive progressivement à éviter tout face-à-face, de peur de ne plus savoir quoi se dire. On constate qu'on n'est plus intéressé par ce que l'autre raconte quand il nous parle de sa journée au bureau. On ne fait plus d'effort pour s'intéresser à ce que l'autre fait... Jean Cocteau a écrit : « Il n'y a pas d'amour, il n'y a que des preuves d'amour. » Il soulignait là combien la relation affective est un travail, un véritable « travail d'amour » (même si l'expression peut choquer) qui demande attention et vigilance – et cela même – ou plutôt surtout – après plusieurs années de vie commune. Cette vigilance est la seule façon de préserver la relation, afin qu'elle ne s'enlise pas dans les sables du quotidien. C'est une vraie exigence, comme me l'a confié un ami, évoquant sa compagne de onze années :

> « Tous les matins, je me réveille, je la regarde et je me dis qu'aujourd'hui elle pourrait partir si elle le voulait. Le fait qu'elle soit ici avec moi ne va pas de soi. C'est ma responsabilité de lui donner envie de rester. Rien n'est jamais acquis. »

Il est évident néanmoins que cette attention à la relation implique que les *deux* partenaires soient partie prenante : on ne peut pas mener seul cet effort.

> Pierre et Jacqueline sont mariés depuis vingt-cinq ans. C'est un mariage traditionnel : il travaille, elle reste à la maison pour s'occuper de leurs deux enfants. Ils ont tout ce qui semble néces-

saire pour être heureux. Mais, quand le dernier enfant quitte la maison pour aller à l'université, ils se retrouvent l'un en face de l'autre – silencieux, n'ayant plus rien à se dire, sauf à propos des enfants. Le projet du couple a été l'éducation de leur progéniture et cela les a portés pendant vingt-deux ans. Aujourd'hui, sans enfants, ils se retrouvent sans projet... et réalisent qu'ils n'ont plus rien en commun. Jacqueline ne trouve aucun intérêt dans l'implication professionnelle de Pierre et ses amis l'ennuient. Pierre n'a aucun penchant pour la vie associative dans laquelle Jacqueline est très impliquée. Il n'y a plus, entre eux, de points de rencontre, leurs intérêts sont devenus largement divergents au fil du temps. Il n'y a pas de conflit, pas d'animosité, ils n'ont tout simplement plus rien à se dire, plus rien à partager.

Ainsi, parfois, sans d'autre raison que celle de vies qui ne convergent plus l'une vers l'autre, la relation devient virtuelle, puis inexistante. On n'a plus d'intérêt commun, ni le moindre intérêt l'un pour l'autre.

L'ennui

Les amis s'étonnent face à une rupture qui survient comme un coup de tonnerre dans un ciel serein : « Mais pourquoi font-ils ça ?! Comment peuvent-ils se séparer ? C'était une relation sans histoire, qui semblait si agréable, sans conflit ni infidélité... »

Justement, « c'était une relation sans histoire ». Mais pour certains, « sans histoire » signifie sans surprise, sans changement, sans croissance, sans émotion. Et quand « sans histoire » signifie « ennuyeux », la relation se meurt, car il n'existe plus rien pour la faire exister. Ce n'est pas ce qu'on fait dans la relation qui la tue à petit feu, c'est ce qu'on n'y fait plus.

Parfois, cette situation est liée à un accord tacite qui vise à exclure de la relation tout conflit, tout état émotionnel ou tout sentiment source de problème ou d'agitation. C'est le *modus vivendi* du couple qui prend grand soin de rester dans sa zone de confort – même ce pseudo-confort a un prix... On veut être tranquille et on n'a pas envie de se « prendre la tête ». Alors, on évacue tout ce qui pourrait poser question, tout ce qui pourrait trop déranger ou trop interpeller. Et s'installent une neutralité, un pseudo-calme, qui donnent l'illusion de l'harmonie, alors qu'il ne s'agit que du refoulement plus ou moins conscient de tout ressenti dérangeant. Et finalement, on s'ennuie.

Il se peut aussi que la vision qu'on a de son partenaire se réduise progressivement avec le temps : au fil du quotidien et des années qui passent, cette femme qu'on poursuivait de nos ardeurs quand on était plus jeune n'est plus, peu à peu, que la mère de ses enfants. On ne la voit plus que sous cet angle limité, on oublie ses autres dimensions. Elle nous ennuie car la vision étroite qu'on a d'elle aujourd'hui est, de fait, ennuyeuse.

L'ennui s'installe quand on commence à désinvestir la relation (en temps et en énergie) et qu'on s'investit ailleurs (dans le travail, les loisirs...). L'ennui peut être la cause du désinvestissement des deux partenaires aussi bien que sa conséquence : parce qu'on s'ennuie dans le couple, on le désinvestit, ou bien on désinvestit le couple car on a trouvé d'autres investissements extérieurs plus stimulants. Dans un cas comme dans l'autre, on s'ennuie et on perd progressivement tout plaisir à communiquer l'un avec l'autre... À terme, on fait le triste constat de la perte de toute communication.

« Avant, dans les premiers temps de notre mariage, on pouvait se parler pendant des heures jusqu'à tard dans la nuit, regrette Patricia. Maintenant, on regarde la télé et on ne trouve plus rien à se dire. On ne se parle plus. C'est terrible d'en être arrivé là ! »

Il est possible que l'ennui n'ait rien à voir avec la relation elle-même : l'un des partenaires est peut-être en train de faire une dépression (pour des raisons qui lui sont propres : difficultés professionnelles, soucis financiers, problèmes familiaux, de santé, etc.) – un des symptômes de la dépression étant justement l'ennui et le retrait de toute relation affective, même si celle-ci fonctionne bien. Conscient de cette possibilité, il serait sage de consulter un médecin, un psychothérapeute ou un psychiatre, si on pense traîner une dépression dont les répercussions se font sentir dans la relation (la question de fond étant de savoir si la dépression est la *cause* ou la *conséquence* de la dégradation progressive du couple).

Il est possible, enfin, que l'ennui s'installe dans la relation parce qu'*on s'ennuie avec soi-même*, dans sa propre vie, indépendamment de son conjoint : on a l'impression de ne plus rien avoir à donner à qui que ce soit ! On perçoit la relation comme ennuyeuse, quand il ne s'agit en fait que d'une simple projection de son propre état intérieur. Le fait de prendre un peu plus soin de soi (par une aide psychologique ou par des changements appropriés dans l'organisation de sa vie) peut aider à changer son regard sur les choses, sans remettre en question la pertinence de la relation. C'est ce que raconte Sébastien :

« Je croyais que mon couple était arrivé en bout de course. Je m'ennuyais et j'accusais mon épouse d'en être à l'origine. La vérité est que je n'étais pas heureux dans mon travail. Sur les conseils de mon DRH, j'ai suivi une formation complémentaire qui m'a donné un vrai coup de fouet professionnel. J'ai retrouvé ma motivation et j'ai changé de poste dans mon entreprise. Je me suis rendu compte que mon épouse n'avait rien à voir là-dedans, alors que j'étais vraiment prêt à tout remettre en question entre nous ! »

La perte du respect mutuel

Selon le dictionnaire, le respect est « le sentiment qui porte à accorder à quelqu'un une considération en raison de la valeur qu'on lui reconnaît et à se conduire envers lui avec réserve et retenue » (Robert).

Cette définition évoque donc une valeur qu'on accorde à son partenaire. Au nom de cette valeur, on adopte un comportement qui tend à honorer cette personne et à la préserver dans son intégrité.

Le couple se construit sur un ensemble de règles de respect mutuel qui semblent parfois tellement évidentes qu'il ne paraît pas nécessaire de les énoncer explicitement : règles d'attention réciproque et de considération, principes de non-agression et de silence envers autrui sur les confidences échangées ou sur l'intimité du couple, etc. Ces règles reposent sur la confiance et l'assurance que notre partenaire ne nous nuira pas, qu'il respectera toujours nos convictions et nos principes, cherchera à nous faire du bien et nous aidera à promouvoir notre bien-être. On est confiant, par exemple, sur le fait que notre partenaire ne tentera pas de nous humilier en public ou ne nous contraindra pas à faire ce qu'on refuse de faire parce que cela est en contradiction avec nos valeurs fondamentales.

Ne plus respecter l'autre dans la relation, c'est perdre cette conscience de la valeur intrinsèque de son/sa partenaire. C'est le/la déposséder de son droit à être pris(e) en compte dans ses besoins essentiels, ses attentes, ses espoirs. C'est négliger ou mépriser son droit à un développement personnel harmonieux et à l'exploration de son potentiel intérieur. La perte du respect fait qu'on se concentre de plus en plus sur le fait de recevoir plutôt que sur le fait de donner. À l'extrême, c'est ne plus voir l'autre en tant qu'être humain digne d'attention et de considération. C'est cesser de le faire exister comme quelqu'un ayant de la valeur. Cette perte du respect conduit à ne plus se comporter envers son partenaire avec réserve et mesure. C'est un oubli de l'autre en tant que personne.

On se voit tous les jours… et pas toujours sous ses aspects les plus reluisants. L'haleine nauséabonde le matin au réveil, la « brioche » qui enfle d'année en année, les seins qui tombent, toutes ces petites manies qui nous énervent depuis longtemps… Mais il y a aussi le constat de plus en plus aigu que le partenaire n'est finalement pas aussi intelligent que ça, pas aussi brillant en société qu'on l'espérait, qu'il nous fait honte par son manque d'éducation, sa niaiserie, sa maladresse dans les relations aux autres… On est aussi le spectateur de toutes ses mesquineries au quotidien, de ses inévitables « petitesses », de tous ses masques et subterfuges, et on peut arriver à mépriser certains de ses traits de caractère ou de ses comportements… Et puis on en vient à faire des comparaisons et à considérer que les autres sont mille fois mieux ou qu'ils font des choses mille fois plus intéressantes…

Le plus insupportable est la mise en acte de cette perte de respect : on rabaisse son partenaire ; il n'est plus question de prendre des gants vis-à-vis de cette personne qui partage la routine du quotidien, on la tourne en dérision devant autrui en pointant ses défauts physiques, ses défaillances ou ses lacunes intellectuelles, on dévoile à tout le monde les détails de son intimité ou on révèle à tout va ses confidences les plus secrètes ou ses pires angoisses. On balaie, avec mépris ou indifférence, toutes ses remarques, ses commentaires ou ses actions. On ne fait plus attention, oubliant les gestes les plus élémentaires de politesse et de courtoisie alors qu'on reste extrêmement prévenant à l'égard des autres.

Si on en arrive là, la relation est déjà clairement moribonde : on a, de toute évidence, atteint un point de non-retour…

La perte de la tolérance et de la patience

On dit qu'aimer, c'est avoir la capacité de voir en l'autre tout ce qu'il a de plus noir, tout en choisissant de rester et de vivre avec cette personne en connaissance de cause. Aimer, c'est développer une pleine acceptation de ce qu'elle est, tout en espérant qu'elle en fera de même à notre égard, avec nos inévitables zones d'ombre.

Aimer signifie aussi s'efforcer de préserver toujours un niveau élevé de tolérance et de patience envers l'autre. La tolérance, c'est admettre chez autrui une manière de penser ou d'agir différente de celle qu'on adopte soi-même ; de même, la patience consiste à supporter les désagréments et les malheurs, en sachant attendre, tout en gardant son calme. C'est ce qui fait qu'on persévère dans une activité, un travail de longue haleine, sans se décourager.

Or la relation d'amour est un véritable travail sur soi ! On comprend alors combien l'exercice de la tolérance et de la patience envers son/sa partenaire est d'actualité à chaque instant de la vie commune ! Cette personne qu'on aime est un être humain avec des qualités et des défauts. Elle est riche de mille et une particularités : il est évident que certaines vont nous heurter ou nous déranger ; on ne pourra jamais tout aimer ni tout apprécier en elle. On accepte volontiers d'être tolérant et patient avec elle parce qu'on a aussi de bonnes raisons de l'être : notre bonheur en dépend ! Ainsi, au nom de l'amour, au nom de tout ce que cette relation nous apporte et au nom de tout ce qu'on espère encore y trouver dans l'avenir, on développe une tolérance et une patience qui vont de soi... jusqu'à ce que ce ne soit plus le cas !

Quand on n'a plus d'attentes vis-à-vis de son/sa partenaire (car on a l'impression qu'elles sont toujours déçues), quand on est las de demander ou d'espérer sans jamais avoir de retour, on parvient rapidement au niveau zéro de la patience et de la tolérance. On arrive à un point où on ne ressent plus rien, où on n'espère plus rien. Dès lors, on ne trouve plus de raisons suffisantes pour continuer à faire des efforts. Par ailleurs, il est possible qu'on ait laissé certains griefs s'accumuler en soi au fil du temps. On n'a rien dit, sur le moment, pour ne pas blesser ou pour ne pas entrer en conflit. Mais aujourd'hui, tout remonte à la surface ; à l'impatience du présent s'ajoute la rancœur ou l'amertume du passé.

Le plus petit incident dégénère alors dans un conflit dont l'intensité, si on y regarde bien, est largement disproportionnée. Il faut le reconnaître : on a perdu la capacité (et le désir) de faire des compromis. Trop de frustration, de colère et de ressentiment se sont accumulés. On a même perdu la volonté de résoudre les problèmes et on ne se concentre maintenant que sur les aspects négatifs de la relation. Quoi qu'il/elle fasse, notre partenaire nous irrite ou nous énerve, sans qu'on parvienne à lui accorder la moindre circonstance atténuante. Pire encore : il n'a même plus besoin de faire quoi que ce soit, il nous énerve, c'est tout ! Sa voix nous énerve, sa façon de parler ou de manger nous énerve... son existence nous énerve ! C'est sans issue.

La perte du désir sexuel

« Pendant deux ans, j'ai prétendu que la baisse progressive de nos rapports sexuels était due à nos stress professionnels respectifs, explique Sylvie. Mais j'ai dû me rendre à l'évidence : je ne désirais plus mon mari et c'est ma puissante attirance sexuelle pour un de mes collègues qui l'a obligé à le reconnaître. Je n'avais plus envie de me donner à mon compagnon... »

Ressent-on toujours du désir pour son conjoint ? A-t-on cessé de faire l'amour depuis un certain temps, pour ne pas dire un temps certain ? A-t-on toujours envie de se toucher, ne serait-ce que pour se prendre la main ou se serrer dans les bras ? Ou, au contraire, appréhende-t-on les avances de son partenaire ? Cherche-t-on à mettre à distance tout ce qui a trait à l'intimité des corps ?

Imperceptiblement, le désir bat en retraite. Sans même s'en rendre compte, certains développent des stratégies d'évitement qui leur permettent de ne pas se confronter directement au désir de leur partenaire : on reste le plus tard possible à regarder la télévision, en espérant que son compagnon soit trop fatigué pour rester éveillé ; on attend qu'il se couche le premier et qu'il s'endorme avant d'aller soi-même au lit ; on rentre du travail de plus en plus tard, en déclarant bien fort, dès son arrivée, combien on est épuisé(e) de sa journée. Le message implicite est clair : « Ne me demande pas de faire l'amour. Je viens de te dire que je suis fatigué(e). » C'est couper net à toute tentative d'approche de la part de son/sa partenaire.

Plus subtilement, on peut provoquer le rapport sexuel, même si on n'en a pas envie. L'objectif est d'en finir au plus vite ! Après un acte sexuel expédié en dix minutes, on est soulagé car cela n'a pas pris trop de temps et on va avoir la paix pendant un moment !

Avec le temps, la fréquence, la durée et l'intensité des rapports diminuent pour finalement disparaître.

La disparition de la sexualité dans le couple a diverses origines, dont certaines, il faut l'avouer, restent assez mystérieuses. On doit penser, en premier lieu, à un problème inhérent à l'un des partenaires (un trouble qui n'aurait donc rien à voir avec le couple en tant que tel) : impuissance, frigidité, blocages sexuels hérités de l'enfance, séquelles de traumatisme ou autres problèmes de santé comme une maladie chronique ou une dépression (dont un des symptômes est la baisse du désir sexuel). Au moindre doute, on a tout à gagner à aller consulter un médecin ou un sexologue pour faire le point sur une éventuelle origine organique ou psychologique des troubles.

Mais la perte du désir peut aussi être révélatrice d'un dysfonctionnement dans le couple. Comme on l'a dit plus haut, la disparition de la sexualité n'est alors qu'un symptôme. La sexualité est en effet le lieu privilégié où se manifestent les conflits et les difficultés relationnelles – incidemment, la sexualité est parfois aussi le lieu de leur résolution quand on se réconcilie sur l'oreiller – cette option peut très bien fonctionner mais il ne faut pas se voiler la face : la sexualité ne peut pas être le seul et unique moyen de régler les différends ; on ne peut pas éliminer tous les problèmes du couple, en les anesthésiant systématiquement par un rapport sexuel ! Comme la sexualité est révélatrice des conflits, lorsqu'un couple décide de consulter un professionnel pour une thérapie visant à améliorer sa sexualité, la première partie du travail consiste à rechercher les difficultés relationnelles préexistant au trouble sexuel. C'est bien souvent à ce niveau que se trouve l'origine du problème : rupture de communication, rapports de force ou de pouvoir, volonté de dominer le conjoint – voire de le punir – en le frustrant par l'absence de rapport sexuel, etc. Seul un travail en profondeur sur ces problématiques apportera une véritable solution. En effet, il est vain de penser que la sexualité va s'améliorer si on fait l'économie de cette remise en question. Dans un tel contexte, toutes les techniques sexuelles pour rapprocher les corps ne donneront aucun résultat durable.

Il arrive enfin que le désir sexuel disparaisse progressivement de la relation, sans autre raison que la « simple » usure. Le couple fonctionne bien, l'amour est intact, mais par habitude, par routine, par disparition des fantasmes, la sexualité s'est peu à peu éteinte, en dépit des efforts répétés pour raviver la flamme. Ce qui est troublant (ou blessant) pour l'autre partenaire, c'est que ce désir reste en éveil en dehors du couple, même s'il n'y a pas d'infidélité (mais il ne faut pas être naïf : très souvent, c'est un motif d'adultère). C'est ce qu'explique Gérald :

> « Je ne peux pas dire que je n'aime plus Sophia, mais je ne la désire plus du tout. Cela fait quinze ans que nous sommes ensemble, mais notre relation a plutôt évolué vers une tendresse "fraternelle" où la sexualité n'existe plus. Je suis bien avec elle, mais comme on peut l'être avec un bon copain… Je sens que mon désir est là pour les autres femmes que je croise dans la rue. Il faut que je prenne une décision car, à quarante-trois ans, je n'ai pas envie de renoncer à une vie sexuelle épanouie… »

La « gestion » de la perte du désir varie en fonction des couples et de leurs priorités. Certains s'installent dans un mode relationnel tel que la vie du couple ne repose plus sur l'aspect sexuel mais plutôt sur ses dimensions affectives et intellectuelles. Si cet arrangement est accepté de part et d'autre, il rend possible une douceur relationnelle susceptible de durer toute une vie, mais elle expose potentiellement à ce que l'un ou l'autre ait envie de satisfaire ses besoins ailleurs. Ce constat peut d'ailleurs faire l'objet d'une discussion de fond pour éventuellement envisager d'autres modalités où le sexe « hors du couple » devient une option...

Néanmoins, de tels compromis sont souvent impossibles et beaucoup décident de se séparer, non pas parce qu'ils ne s'aiment plus, mais parce qu'il manque à la relation une dimension dont ils ne veulent pas se passer. Dans un tel contexte, la séparation n'est pas nécessairement conflictuelle et des liens d'affection peuvent être préservés.

Les « pertes » dont nous venons de parler se traduisent souvent par un troublant sentiment de *solitude* en présence de son conjoint, avec l'impression de vivre à côté l'un de l'autre, sans parvenir à se rejoindre. Si vous voulez aller plus loin dans la compréhension de ce qui altère progressivement l'intime du couple, je vous invite à lire un de mes livres, *Ensemble mais seuls. Apprivoiser le sentiment de solitude dans le couple*. J'y développe tous les points qui viennent d'être mentionnés et donne des pistes de résolution pour essayer de « relancer » la relation d'amour.

La relation extraconjugale

La relation extraconjugale occupe une place à part. Là encore, elle peut être la cause aussi bien que la conséquence de la dégradation du couple. Mais elle ne survient jamais par hasard : qu'on en soit conscient ou non, elle est le reflet d'une altération de fond dans le couple, à un niveau ou à un autre.

La recherche de nouveauté sexuelle en est un moteur, mais il serait trop réducteur de la considérer sous ce seul éclairage. D'autres éléments entrent en ligne de compte. Fondamentalement, la relation extraconjugale traduit un besoin d'exister « ailleurs ». Après des années de vie commune, on a l'impression de ne plus être « vu(e) » dans sa relation légitime. On ne retrouve plus, dans le regard de son compagnon, cette étincelle qui autrefois faisait qu'on se sentait unique au monde. Il suffit alors d'une simple parole ou d'une petite attention de la part d'un(e) étranger(e) pour que tout bascule. Il suffit qu'on se sente exister dans ses yeux et en sa compagnie pour se laisser tenter par l'aventure. On espère ainsi combler certains manques ou suppléer à certaines carences : trouver (ou retrouver) un épanouissement sexuel, s'enrichir intellectuellement, explorer de nouveaux horizons émotionnels, se rassurer sur son pouvoir de séduction qu'on redoute de voir sur son déclin…

Il faut le reconnaître : dans certains cas, la relation extraconjugale est inconsciemment utilisée comme un moyen de précipiter la rupture – on devient négligent, on ne ferme pas sa boîte mail qui reste ouverte sur un mail très explicite, on n'efface pas les SMS compromettants et on laisse traîner son portable ; pis encore : on revient à la maison le col de chemise taché de rouge à lèvres ou on se trahit par l'odeur d'une eau de toilette qui n'est pas celle de son compagnon. D'inévitables questions surgissent et l'état de crise s'installe. C'est parfois la situation à laquelle on souhaitait finalement arriver ! Elle précipite le conflit et éventuellement l'annonce de la rupture. Il n'est pas rare d'ailleurs que certains s'engagent dans une relation extraconjugale peu avant la rupture et s'en servent de tremplin pour lancer le processus de séparation. Une fois la rupture consommée, il n'est pas rare qu'ils quittent l'amant(e) qui n'avait pour fonction que de faciliter la transition !

Quoi qu'il en soit, c'est l'attitude des deux partenaires qui détermine l'issue de ces événements : soit la relation extraconjugale marque la fracture définitive du contrat de confiance et le couple explose, soit elle est comprise comme un message d'alerte, sans qu'il y ait réel désir de rupture. Si on parvient à en comprendre les fondations et si l'amour est encore suffisamment présent pour avoir envie de reconstruire son couple, tout est possible ! On constate même que parfois la relation extraconjugale est un redoutable – mais potentiellement formidable – levier de changement permettant au couple de rebondir de façon très positive après le chaos de l'infidélité. Si cela vous intéresse d'explorer plus en profondeur ce sujet, je vous propose de lire un de mes ouvrages que j'ai consacré à l'infidélité : *Est-ce que tu m'aimes encore ? Se reconstruire après l'infidélité.*

La perte de la sécurité : la violence conjugale

La violence au quotidien est une réalité conjugale trop souvent passée sous silence. Elle est pourtant source d'une intolérable souffrance pour des femmes (mais aussi pour des hommes) qui passent leur vie paralysées par la peur.

Elle se manifeste d'au moins trois façons.

La *violence psychologique et/ou verbale* consiste à rabaisser, dévaloriser, humilier, contrôler, dominer, isoler l'autre de façon répétée. Elle inclut le fait de proférer des menaces, d'imposer à l'autre son point de vue, ses valeurs, ses désirs. Elle conduit à diminuer (voire à supprimer) les contacts de la partenaire avec sa famille, ses amis, ses voisins, et à attaquer, par différents moyens, des personnes importantes pour elle.

La violence *physique et/ou sexuelle* correspond à toute agression physique envers la partenaire. On la frappe – gifles, coups de pied, coups portés avec un objet... –, on la retient contre son gré, par quelque moyen que ce soit. La violence sexuelle consiste à attacher la partenaire contre son gré afin d'obtenir un rapport sexuel, à la pénétrer de force et/ou sans son consentement (c'est ce qu'on appelle le viol conjugal), à l'insulter, l'humilier ou la brutaliser pendant le rapport sexuel, à la harceler sexuellement et à la contraindre à agir selon ses fantasmes.

Moins connue, la *violence économique* consiste à empêcher la partenaire de posséder son propre compte bancaire, à faire en sorte qu'elle n'ait jamais d'argent de poche, à la priver de tout revenu, à encaisser ses chèques personnels sans son accord. C'est exercer un contrôle financier qui prive de toute liberté économique.

L'exploration de la violence conjugale dépasse le cadre de cet ouvrage, mais elle est incontestablement une cause de rupture, dans la mesure où les victimes de cette violence parviennent à s'en extraire, en sollicitant notamment une aide extérieure. Vous trouverez l'adresse d'associations et de sites Internet dédiés à la violence conjugale en annexe.

Le temps du doute et de l'ambivalence

Le temps passe et le doute persiste chez la personne sur le départ... Face au constat d'une relation dégradée, on se retrouve déprimé, en colère ou complètement dérouté, sans repère fiable pour savoir dans quelle direction avancer. On ne peut pas croire qu'on en soit arrivé là ! C'est difficile aussi d'être seul(e) face à de telles pensées. En même temps, on ne peut concevoir d'en parler avec son/sa partenaire. Ce n'est pas possible. On a trop peur de sa réaction !

On hésite également à parler parce qu'on n'a pas envie de lui faire du mal. Même s'il devient difficile de vivre au quotidien avec cette personne, on ne souhaite pas nécessairement la blesser ou la remettre trop brutalement en question. On se rend compte qu'on est malheureux dans la relation, mais qu'en est-il pour elle ? Elle est peut-être très heureuse. Alors, de quel droit va-t-on délibérément lui faire du mal ?

On hésite aussi à parler car on est encore pétri de doutes

sur là où on veut en venir. On redoute de déclencher un processus irréversible et de créer une situation de non-retour.

« Si je dis que je suis malheureux/se et si elle/il me répond qu'elle/que lui aussi, on ne pourra plus faire comme si de rien n'était ! »
« Et si je réalisais dans l'après coup que je me suis trompé(e), comment faire pour faire marche arrière ? »
« Et s'il/elle réagit violemment ? »
« Et si elle/il me fait du chantage par rapport aux enfants ? »
« Et s'il/elle menace de se suicider si je pars ? »
« Et si, finalement, je me retrouve tout(e) seul(e) et sans rien, après ?
Et si...
Et si... »

Le poids de l'ambivalence

On ne peut pas non plus nier la réalité : il y a incontestablement ces moments où on est encore si bien ensemble, des moments de vie tellement beaux, tellement forts, qu'on doute de tout ce qu'on est en train de se raconter. On sent bien, à ces moments-là, combien on est attaché à cette personne qu'on a un jour aimée, même si aujourd'hui, c'est devenu inconfortable de vivre avec elle. Est-ce qu'on ne l'aime pas toujours, si on est encore capable de partager d'aussi bons moments ensemble ? On ne sait plus. Parfois, on se construit d'elle une image exécrable (peut-être pour se donner des raisons de partir), mais il suffit d'un week-end particulièrement paisible pour que le doute s'installe à nouveau en soi.

Ce qui ressort de cette confusion est qu'on n'est tout simplement pas prêt à envisager aujourd'hui une séparation. On ne va pas jusqu'à se faire croire qu'on n'y pense pas, mais cela reste pour l'instant une possibilité parmi beaucoup d'autres. On n'ose même pas l'envisager comme une réelle option : c'est la pénible expérience de l'ambivalence.

L'ambivalence, c'est le fait d'entretenir en soi deux courants de pensée qui vont dans des sens contraires, sans parvenir à en choisir aucun ! C'est une période de stress psychologique où on n'arrête pas d'analyser la situation dans tous les sens. On cogite encore et encore sur le bien-fondé de rester ou de partir, et on a l'impression de tourner en rond, sans parvenir à la moindre décision. On avance d'un pas le matin, pour reculer de deux le soir. On est seul avec soi-même et on n'ose en parler à personne. Ça tourne à l'obsession.

Pourtant, il ne faut pas se leurrer ! Dans le tréfonds de son être, on commence bel et bien à évaluer le pour et le contre d'une éventuelle séparation. C'est très déstabilisant car, vis-à-vis de son partenaire, on se sent coupable d'entretenir « dans son dos » de telles pensées. Parfois d'ailleurs, cette idée est tellement inacceptable psychologiquement qu'on lui préfère le déni : « Mais enfin, notre situation n'est pas aussi pénible que ça ! Qu'est-ce que je suis en train de faire ?! » Cela fonctionne un temps, tant qu'on choisit d'anesthésier ses pensées : on rentre du bureau avec des idées de divorce en tête ; pourtant, sitôt le seuil franchi, on entraîne fougueusement son épouse dans la chambre à coucher et on lui fait l'amour pour tenter de se rassurer soi-même sur le fait qu'on est toujours très amoureux.

Cependant, il y a des signes qui révèlent l'ambivalence. N'est-on pas très réticent à s'engager dans des projets à long terme qui lient très étroitement au partenaire – acheter une maison en s'engageant dans un lourd crédit sur quinze ans, avoir un bébé, déménager dans une région où on ne connaît personne (ce qui contraindrait à dépendre beaucoup trop du conjoint pour les loisirs et la vie sociale), créer une société en mettant en commun des sommes d'argent importantes ? N'évite-t-on pas de plus en plus les soirées entre amis en compagnie de son partenaire ? On réalise combien on n'a subtilement plus envie d'être associé(e) à cette personne dans le regard d'autrui et combien on se sent en décalage par rapport à elle. Néanmoins, pour le moment, dans ces situations comme ailleurs, on joue le jeu, on fait « comme si de rien n'était », alors même qu'on éprouve de la réticence, de l'irritation, voire de l'agressivité à son égard.

Rester pour qui ? Rester pour quoi ?

L'ambivalence fait sans cesse osciller entre le mal-être à rester et la peur de partir. C'est un moment de son existence où plus rien n'est stable, où toutes les fondations semblent fragiles ou sur le point de s'écrouler. De fait, l'ambivalence se nourrit de tout un questionnement angoissant concernant l'avenir : on craint pour sa sécurité et sa subsistance, pour son confort affectif et social. On est assailli de questions qui restent pour la plupart sans réponses. On se rend souvent compte qu'on choisit de rester, non pour la personne en tant que telle mais pour le « package » relationnel et social qui va avec.

« Si je pars, est-ce que je pourrai survivre financièrement ? Je ne pourrai pas avoir le même train de vie… Ça fait dix ans que je n'ai pas travaillé, jamais je ne trouverai un emploi décent… »

« Je ne pourrai jamais quitter mon grand appartement pour aller vivre dans un petit studio minable… »

« Comment va-t-on me juger si je quitte ma femme et mes trois enfants ? »
« Comment réagiraient les enfants si je partais ? Je ne peux pas imaginer ne voir mon petit garçon qu'une fois tous les quinze jours, c'est impossible ! »
« Ce n'est pas à quarante-six ans que je vais refaire ma vie... Je ne veux pas vivre le reste de ma vie seule... »

Hanté par le doute, la peur et l'incertitude, on peut rester ambivalent pendant des semaines, des mois, voire des années. On reste dans une posture d'incertitude qui ne permet pas d'avancer, tant est grande la peur de se jeter dans l'inconnu. Certains, incapables de se positionner, s'installent dans un vain attentisme. Ils se fixent des échéances qu'ils ne tiennent pas : « Je prendrai ma décision quand les enfants quitteront la maison. » Et, une fois les enfants partis, on se dit : « Je prendrai ma décision quand j'aurai retrouvé un emploi pour subvenir à mes besoins. » De retour dans la vie professionnelle, on se dit : « Je prendrai ma décision quand on aura fini de payer la maison. » Et une fois la maison payée : « Je prendrai ma décision quand mon mari sera en retraite. » Finalement, de fil en aiguille, les mois deviennent des années et la vie s'écoule sans qu'aucune décision ne soit jamais prise. On est dans une relation de couple sans y être vraiment. On attend d'hypothétiques signes qui diront si c'est le moment de partir, ou s'il est préférable de rester. Mais pendant ce temps, rien ne se passe et, pendant des années, on s'impose un état de tension psychique qui empêche de vivre pleinement sa vie.

Pour d'autres, la seule façon de gérer l'ambivalence est de l'ignorer : ils laissent les choses telles quelles et vont chercher ailleurs ce dont ils ont besoin (sans nécessairement s'engager dans une autre relation affective ; il peut s'agir d'un fort investissement professionnel ou d'une implication massive dans une activité sportive ou associative). Dès lors, la question de rester ou de partir ne se pose plus ! Si le conjoint ne réagit pas à cette nouvelle donne, la situation du couple reste figée dans le statu quo ; il ne se passe plus rien dans la relation. On vit l'un à côté de l'autre, sans trop se déranger, on peut s'ignorer cordialement ou rester bons amis et la vie se passe ainsi, ni heureuse ni douloureuse. On fait taire en soi cette inconfortable ambivalence et on « choisit » de rester, car la situation actuelle est préférable à un saut dans le vide.

Un temps de réflexion « stratégique »

> « Je savais que mon épouse se doutait de quelque chose, explique Samuel. Un soir, elle m'a demandé ce qui n'allait pas. Elle me sentait en retrait, préoccupé. J'ai botté en touche... J'aurais pu lui parler et lui dire que je me posais des questions sur notre couple, mais je n'ai pas eu le courage. Je lui ai affirmé que tout allait bien, qu'elle s'inquiétait pour rien... Un an après, nous étions en instance de divorce. Elle est revenue sur cette discussion et m'a fait le reproche de ne pas lui avoir dit où j'en étais à l'époque. Cela aurait peut-être pu sauver notre couple, me dit-elle, et elle m'en veut de ne nous avoir pas donné cette chance. »

Pendant un temps plus ou moins long, on ménage ses arrières, au cas où on déciderait de rester. On ne laisse rien paraître. On fait en sorte que la vie au sein du couple continue comme si de rien n'était, afin de se donner le temps de la réflexion, le temps de prendre du recul et de mettre de l'ordre dans ses pensées. On se tait aussi parce que, en dépit de tout, on continue à espérer que quelque chose puisse encore se passer, qui réglerait la situation et mettrait fin à ce tourment silencieux. On se tait parce qu'on ne sait pas comment faire pour ne pas faire du mal : on ne sait pas comment dire à cette personne qu'on a aimée qu'on ne veut plus vivre avec elle. On se tait parce qu'on se sent coupable – coupable notamment d'être trop « stratégique », en refusant de donner le pouvoir à son conjoint par des révélations qui pourraient se retourner contre soi.

Rétrospectivement, les personnes qui ont été quittées par leur partenaire voient dans ce silence une certaine lâcheté. Il leur est difficile d'accepter que l'ensemble de ce processus psychique n'est pas le fruit d'une réflexion machiavélique du partenaire, qui conspirerait activement pour les maintenir dans l'ignorance. Il existe, bien sûr, des cas de figure où ce jugement se justifie pleinement, mais il est faux d'en faire une généralité. Sans vouloir prendre leur parti, il faut reconnaître que les témoignages des personnes demeurées « silencieuses » et qui finalement décident de partir reflètent davantage un désir de protéger le partenaire qu'une volonté de lui nuire et de le faire souffrir délibérément. Ce silence est très souvent présenté comme un désir sincère de préserver l'autre, même s'il révèle clairement leur ambivalence. Par ailleurs, le/la partenaire qui pense à un éventuel départ est parfois tellement peu sûr(e) de ses propres pensées qu'il/elle craint d'alarmer son conjoint inutilement, au cas où il/elle réaliserait qu'il/elle s'est finalement trompé(e). Le silence qu'il/elle décide de maintenir reflète alors le besoin de prendre du recul, en se ménageant un espace intérieur pour réfléchir posément à la situation, tout en cherchant des moyens pour l'améliorer.

L'espoir que tout n'est peut-être pas perdu

En dépit de tout, même si on est ambivalent sur l'option d'un possible départ, on voit bien ce que la relation de couple a de bon. On sait bien qu'à certains égards, elle nous fait même beaucoup de bien, ce qui permet de mesurer l'énorme perte que représenterait une séparation. Il demeure peut-être en soi l'envie de lui donner une chance. On peut encore y croire, on veut encore espérer. Cette aspiration – qu'elle soit consciente ou non – conduit à mettre en place des stratégies dont l'objectif (reconnu ou non) est de tenter de sauver la relation.

Tenter de sortir de l'ambivalence

On constate alors qu'il n'y a pas mille solutions pour modifier la situation. Trois stratégies s'ouvrent à nous :

1. On essaie de se changer soi-même.
2. On essaie de changer son/sa partenaire.
3. On essaie de changer la dynamique de la relation.

Là, il est indispensable d'être très vigilant sur le sens des actes qu'on s'apprête à poser. En effet, tout acte est déterminé par une motivation qui conditionne son sens et sa portée. On pense a priori être de bonne foi en essayant de changer tel ou tel aspect de la relation. Mais si on y regarde de plus près, le cœur y est-il vraiment ? À son insu, on part parfois avec l'idée que, de toute façon, « tout est foutu » et qu'il est vain d'espérer l'impossible. Il est clair alors qu'on se raconte des histoires quand on prétend vouloir sauver la relation : on n'en veut plus et il est temps de se confronter à cette réalité. Parfois même, alors qu'on est sincère dans son intention de faire des efforts, il existe, au fond de soi, le secret désir de se saborder soi-même et de se faire échouer. Toute démarche est d'emblée vouée à l'échec. Il est inutile de vouloir se donner bonne conscience alors qu'on a déjà opté pour la rupture ! L'important est donc d'être le plus clair possible sur sa motivation initiale. Si, dès le départ, on n'y croit pas, ce n'est pas la peine de se mentir à soi-même : la relation n'a plus d'avenir et on le sait pertinemment.

Rappelez-vous où nous en sommes à cette première phase du processus de séparation, nous restons encore très focalisés sur le cheminement intérieur de la personne qui s'interroge sur le devenir de son couple. *Rien n'a encore été ouvertement déclaré à son/sa partenaire.* Tout reste encore possible. Elle est à un point de la relation où elle a, en quelque sorte, toutes les cartes entre ses mains. Il est clair aussi que les décisions qu'elle va prendre maintenant auront des conséquences importantes à l'avenir, dans la poursuite ou la dissolution du couple. Tout l'enjeu pour elle est de prendre son temps pour déterminer ce qui pose problème et ce qu'elle peut (et veut) vraiment changer dans son existence

Changer la dynamique de la relation

« J'ai compris que mon mari supportait mal que je sois "femme au foyer", explique Marion. Dans sa famille, les femmes font des études et ont des postes à responsabilité. Après la naissance de notre deuxième fille, j'ai décidé de ne pas reprendre mon emploi pour m'occuper des enfants. Il a accepté mais je sais aujourd'hui que c'était à contrecœur. Un jour, il a craqué et m'en a fait le reproche. J'ai alors compris que la lente dégradation de notre relation était en relation avec cette situation de non-dit. Quand j'ai finalement pris la décision de retourner travailler, tout est revenu dans l'ordre. Il s'est détendu et nous nous sommes à nouveau retrouvés. »

Il suffit parfois de peu pour relancer une relation qui périclite au fil du temps. Marion a eu cette chance de le comprendre à temps ! C'est cet espoir qui incite la personne « sur le départ » à essayer de changer la dynamique de la relation, avant de décider de jeter l'éponge. Tout changement peut potentiellement s'avérer salutaire :

– décider de consacrer au couple un temps privilégié, un soir chaque semaine ;

– décider d'une thérapie de couple ;

– laisser à son conjoint l'initiative des vacances ou des loisirs, au lieu de vouloir tout organiser et tout contrôler soi-même ;

– négocier pour que la famille de son conjoint ne soit pas aussi omniprésente chez soi tous les week-ends ;

– changer les rôles de chacun à la maison, dépoussiérer les routines familiales, etc.

La clef est de parvenir à distinguer ce qui peut être changé et ce qui ne peut pas l'être.

« Puissé-je avoir le courage d'accepter ce que je ne peux pas changer…

« Puissé-je avoir la force de changer ce que je peux changer…

« Puissé-je avoir la sagesse de faire la différence entre les deux… »

Cette célèbre prière pointe bien la question qu'on se pose aujourd'hui. Il n'est sûrement pas nécessaire de tout transformer de fond en comble dans la relation, mais le doute persiste sur l'opportunité des changements à opérer. Il faut apprendre à se faire confiance. On n'a rien à perdre et tout à gagner si cela marche ! Il est possible, en effet, que certains changements dans les lignes de force qui régissent le couple lui redonnent suffisamment d'attrait pour qu'on souhaite rester.

Face à ces changements, il convient néanmoins d'être prudent et de veiller là encore à ne pas se saboter soi-même. Il ne faut pas confondre « changement concerté » et « fuite en avant ». Certaines décisions qui semblent justes et fondées au moment où on les prend peuvent se révéler n'être que des fuites en avant qui ne résolvent rien. En voici quelques exemples :

• La relation va tellement mal qu'on prend la paradoxale décision de se marier, avec le secret espoir qu'en l'officialisant, on parviendra à régler les difficultés du couple. C'est rarement le cas…

• On décide de faire un bébé pour souder la relation. Ce qu'on oublie, c'est que l'arrivée d'un enfant est un facteur de stress considérable qui n'aide en rien à la reconstruction du couple, si celui-ci bat de l'aile. Bien au contraire, les liens d'amour ont besoin d'être particulièrement solides pour « amortir » l'impact de la naissance. C'est méconnaître la réalité du baby clash dont nous avons déjà parlé !

• On s'investit, à corps perdu, dans la remise en état d'une maison délabrée. On espère occulter les difficultés du couple derrière un travail titanesque. Une fois les travaux terminés, soit le travail en commun a resserré les liens, soit on se retrouve à la case départ : la relation est dans l'état où on l'avait laissée ; ce n'était que reculer pour mieux sauter.

• On accroît l'intensité de sa vie sociale. Là encore, soit la relation s'enrichit de façon salutaire, soit cet accroissement de l'investissement social fait disparaître les problèmes conjugaux derrière le voile de la vie mondaine… mais ce n'est qu'illusion !

« Changer » l'autre

« Je voudrais qu'elle arrête de rire de cette façon ridicule en public ! Ça m'embarrasse terriblement ! »
« Je voudrais qu'il rentre plus tôt du travail et qu'il me consacre plus de temps. »
« Je voudrais qu'elle se cultive un peu plus. Cela donnerait plus de relief à notre relation. »
« Je voudrais qu'il prenne plus d'initiatives dans l'organisation de nos loisirs. J'en ai assez d'être la locomotive de notre vie sociale ! »

Nous avons tous une certaine idée (consciente ou non) de comment notre partenaire devrait changer pour que la relation puisse être de nouveau confortable pour soi. On a très souvent la conviction que l'autre est à l'origine de tous les problèmes : il n'est pas assez ceci ou pas assez cela, elle est trop comme ci ou trop comme ça. Donc, on veut le/la changer et on estime qu'il/elle devrait se comporter en fonction de *nos* critères pour que la relation ait une chance de s'améliorer. On veut que l'autre soit différent de ce qu'il est. Finalement, on attend de lui qu'il soit tel qu'on voudrait qu'il soit.

Mais il y a un gouffre entre *notre* désir et *sa* réalité. De là émergent notre frustration et notre colère. On lui reproche de ne pas faire d'effort, ou plutôt de ne pas faire les efforts qu'on estime être en droit d'attendre de lui ! Cette vision trop centrée sur ses propres besoins nie le point de vue de l'autre et lui interdit un regard sur la situation qui serait différent du nôtre. Dès lors, on ne peut qu'être déçu. L'autre est Autre et il n'est pas en notre pouvoir de le plier à nos décisions, aussi pertinentes soient-elles (du moins à nos yeux). Il est tout à fait probable qu'on ait raison de penser que tel ou tel changement de comportement serait bénéfique, mais là n'est pas le propos ! Si notre partenaire ne partage pas notre point de vue, on aura beau remuer ciel et terre pour le contraindre à adhérer à nos convictions, on aura beau être frustré et irrité par son immobilisme, cela ne donnera rien ! L'autre ne changera que s'il est conscient qu'un changement est nécessaire. Il doit percevoir qu'il est bénéfique et cohérent pour lui de changer et que ce changement est en accord avec sa volonté, ses valeurs et ses priorités. Il faut qu'il perçoive, pour lui-même, le sens et le bien-fondé des changements sollicités. Vouloir que l'autre change sans qu'il sache pourquoi il devrait le faire est totalement illusoire.

Or, dans la première étape du processus de séparation, le/la partenaire n'est *pas encore* au courant de notre questionnement sur le devenir de la relation. Cette personne n'est donc pas consciente de la pression qu'on exerce indirectement sur elle. *Elle ignore qu'on attend quelque chose d'elle et que l'enjeu de cette attente n'est rien de moins que le sauvetage de la relation !* Aussi ne voit-elle pas nécessairement l'utilité de faire des efforts : elle n'en perçoit ni l'intérêt ni le sens !

La situation est donc fondamentalement déséquilibrée : on lui demande de faire quelque chose sans lui expliquer *pourquoi*, et on lui en veut parce que, évidemment, elle n'est pas à la hauteur de nos attentes ! Mais comment pourrait-elle l'être ? Elle n'a pas tous les éléments en main ! Cette situation révèle une part de notre responsabilité non assumée. On doit être explicite sur ce qu'on attend de notre partenaire : si on ne lui donne aucune information pertinente pour l'inviter au changement, il n'est pas juste de lui reprocher quoi que ce soit. La plupart du temps, on adopte pourtant une attitude contraire : on estime qu'il est « normal » de ne pas relever les dysfonctionnements de son/sa partenaire ; on considère (à tort !) qu'il *devrait*, de lui-même, se rendre compte des changements à apporter à son comportement. On est crispé, gonflé d'attentes, à l'affût du moindre changement, et on a toutes les chances d'être déçu, puisque rien de significatif ne se produit. Les changements, s'ils surviennent, ne correspondent pas à ce qu'on espère et on prend cela comme une preuve supplémentaire de l'incompatibilité entre partenaires. Le résultat de tout cela est que, avec le temps, on en vient à attendre de moins en moins, et finalement on renonce – on n'attend plus rien du tout.

Cependant, il serait faux d'affirmer que les tentatives pour changer le comportement du partenaire échouent systématiquement. Il est possible qu'il/elle évolue dans un sens qui nous convient ; alors l'inconfort et la frustration décroissent. Mais il faut bien réaliser que c'est le fruit d'un vrai « coup de chance » : cette personne a évolué dans la direction qu'on souhaitait, sans même savoir que c'était cela qu'on attendait d'elle ! Il aurait pu en être tout autrement. Néanmoins, l'essentiel est que la relation reparte et que la catastrophe ait été évitée. Il n'en reste pas moins que la difficulté à formuler explicitement ses attentes persiste et que ce problème de communication peut resurgir à n'importe quel moment.

Le problème majeur est qu'on n'est pas toujours très clair sur ce que l'on souhaite communiquer. L'ambivalence est telle que les tentatives visant à faire part de notre malaise sont très timides au début, tellement discrètes et allusives que le/la partenaire ne voit rien du tout ! Si, par hasard, il/elle capte un quelconque message, celui-ci est tellement subtil et détourné qu'il/elle le comprend rarement : elle ne peut donc pas s'y arrêter.

Ce qu'on dit	Ce qu'on veut dire en réalité
« Pierre et Maya repartent en voyage le mois prochain. Ils ont tellement raison de s'ouvrir l'esprit et de ne pas rester pépères dans leur coin. »	« On ne fait rien ! Je m'ennuie ! On s'encroûte dans cette vie sans surprise ! »
« C'est incroyable combien Isabelle peut être attentive à Stéphane ! Tu ne trouves pas, chérie ? »	Tu ne me regardes pas ! Je ne suis pas transparent ! J'ai besoin d'exister aux yeux de quelqu'un ! »
« Tu ne voudrais pas qu'on regarde Arte pour une fois ? J'en ai un peu marre du foot les mercredis soir. »	« Tu es un gros beauf ! Tu n'as rien dans la tête ! Je gaspille ma vie avec toi ! »
« Je serais bien allée à ce barbecue avec les enfants, mais comme tu travailles aussi le samedi maintenant, je vais être obligée d'annuler. »	« Père indigne ! Il n'y a que ton travail qui t'intéresse ! Et nous, on n'existe pas ? Je me coupe de ma vie et de mes amies à cause de toi ! »

On a beau insister et se plaindre d'une infinité de petits détails du quotidien, le/la partenaire ne parvient pas à aller au-delà de l'apparente banalité des revendications qu'on exprime à demi-mot ! On a beau envoyer des signaux pour dire à son/sa partenaire qu'on n'est pas satisfait de ce que l'on vit ensemble, on ne se rend pas toujours compte qu'en même temps, on continue à envoyer des messages rassurants qui brouillent les pistes. Ainsi, il est tout à fait possible de donner à son conjoint l'impression que la vie continue comme d'habitude et qu'il n'y a pas lieu de s'inquiéter.

« Je te trouve un peu soucieux depuis quelque temps… Ça ne va pas ? Il n'y a rien de grave, j'espère.

– Mais non, ma chérie ! Tu sais, c'est la folie au bureau : tout le monde est crevé ! Tout va bien, ne t'en fais pas… »
« Je te trouve triste… Tu veux qu'on parle ?
– Mais non, ça va ! Tiens, si on partait à la mer ce week-end, en amoureux ? Ça nous fera du bien ! »

Il est évident que le/la partenaire ne peut être que rassuré (e) : on lui donne toutes les raisons de l'être ! Mais cette fausse réassurance est un piège où on l'enferme. En effet, alors que soi-même on prépare intérieurement son départ, en rassurant son/sa partenaire, on ne lui laisse aucune possibilité d'en faire de même ! Peu ou pas conscient(e) de ce qui se dessine dans un avenir proche, il/elle ne peut rien anticiper. Le conjoint continue tranquillement à investir la relation, il ne lui semble pas nécessaire de se ménager des solutions de repli ; il n'est pas à la recherche de soutien extérieur à la relation, car il place sa sécurité en elle. Il n'existe en grande partie qu'en référence à elle.

Se « changer » soi-même

On n'est jamais mieux servi que par soi-même : c'est la conclusion à laquelle on arrive quand toutes les tentatives pour changer le/la partenaire échouent. En toute logique, on va chercher ailleurs ce dont on a besoin (même si cela existe bel et bien dans la relation présente – c'est une question de subjectivité : pour des raisons qui nous sont propres, on ne parvient plus à le voir). « De quoi ai-je besoin ? De quoi ai-je envie ? » Voilà ce qui va guider cette recherche. Il est important de se rappeler que celle-ci n'est pas aussi consciente qu'il y paraît. Il s'agit davantage d'un mouvement intérieur ; on suit son instinct, guidé par ce besoin humain d'être heureux.

Sans être conscient du fait que ce que l'on met en place aujourd'hui peut accélérer le processus de séparation, on donne libre cours à ses envies, souvent en méconnaissant l'impact de ses actes. On ne pense pas à mal. Ce n'est que plus tard, une fois parvenu à un point irréversible du processus, qu'on réalisera peut-être la réelle portée de ce qu'on a mis en œuvre. Cela dit, il ne faut pas nier que, pour certains, cette démarche de changement personnel est tout à fait consciente et délibérée.

Le champ d'investigation est à la mesure de la frustration qu'on ressent au sein de son couple. Il couvre tous les secteurs où on se sent en manque et où la relation s'avère insatisfaisante. Il va de la recherche d'autres horizons sexuels à de nouvelles perspectives professionnelles ; il concerne tout ce qui peut contribuer à son plaisir ou à son développement personnel. Cette recherche conduit, de fait, à explorer les ressources disponibles *à l'extérieur de la relation* : associations de toutes sortes, loisirs, nouvelles rencontres, cours du soir, activités autrefois pratiquées mais abandonnées « à cause » de la relation, reprise de contacts avec d'anciens amis ou partenaires sexuel(le)s. Le point commun à toutes ces démarches est qu'elles excluent très clairement le/la partenaire [1].

Par contraste avec le plaisir qu'on découvre à l'extérieur, la routine de la maison paraît glauque ou insignifiante. Le respect envers son conjoint s'estompe progressivement, ainsi que tout désir de faire des concessions. Dans cet état d'esprit, le moindre incident domestique exacerbe sa convic-

1. Il faut bien faire la différence avec un autre cas de figure où un des partenaires s'investit dans une activité extérieure, tout en intégrant cette nouvelle activité dans la globalité de la vie de couple. Son intention n'est pas de quitter la relation ; il ne cherche qu'à enrichir son champ de vie. Il n'exclut pas délibérément son conjoint.

tion qu'il est nécessaire de partir. On est de plus en plus critique. On ne laisse plus rien passer.

> « Les W.-C. fuient ? C'est de sa faute ! Et en plus, il n'a même pas les outils pour les réparer ! »
> « On crève sur l'autoroute ? C'est de sa faute ! Il aurait dû changer les pneus depuis six mois... »
> « Notre fille se réveille toutes les nuits ? C'est de la faute de sa mère ! Elle la stresse avec son comportement hystérique... »
> « Je vais voir ailleurs ? C'est de sa faute ! Si elle faisait un peu plus attention à moi, ça ne serait jamais arrivé... »

Le message subliminal qu'on s'envoie à soi-même, jour après jour, est limpide : « Je ne m'investis plus dans la relation, ni dans mon partenaire, j'investis dorénavant en moi-même ! » On commence à exister (et peut-être à être plus heureux) en dehors de la relation, même si on éprouve un certain malaise à le reconnaître. On attend de moins en moins de la relation. On est alors très proche du point de non-retour.

Tenter de prendre du recul

Le poids de l'ambivalence et des non-dits qui l'accompagnent est parfois tellement lourd à porter que certains éprouvent le besoin de consulter un psy, afin d'y voir plus clair. Très souvent, cette démarche se fait à l'insu du partenaire : on ne veut pas lui en parler ; on craint qu'il ne la comprenne pas et qu'il cherche à en connaître les raisons.

Le travail de psychothérapie qu'on décide d'entreprendre permet de mettre des mots sur ce qu'on ressent. Cette « prise de conscience » du ressenti intérieur amène immanquablement à se confronter de plein fouet avec des réalités qu'on avait jusque-là soigneusement ignorées. On est conduit à énoncer tout haut ce que l'on pense tout bas, et il devient alors difficile de continuer à se raconter des histoires. C'est faire preuve d'un réel courage que d'accepter de se remettre en cause et de regarder sa part de responsabilité dans la dégradation de la situation conjugale.

Un des objectifs de ce travail psychique est de parvenir à porter le regard le plus lucide possible sur la situation, afin de repérer les perceptions erronées et, le cas échéant, de réévaluer son positionnement vis-à-vis de celles-ci : le psy aide à apporter un autre point de vue que l'on n'avait pas perçu jusque-là ; il/elle apporte un éclairage nouveau sur les revendications, frustrations ou points de discorde dans le couple. Cela peut permettre à la personne de reconsidérer ses positions et, qui sait ? elle peut renoncer à quitter la relation en lui donnant encore une chance.

Il est évident que l'on donne au psy sa propre version des événements : celle-ci porte immanquablement la marque de notre propre subjectivité. Mais il serait dommage d'utiliser le processus psychothérapeutique pour se conforter soi-même dans ses certitudes : on ne gagne rien à donner une version des événements déformée et non conforme à la réalité, simplement pour obtenir l'« approbation » du psy et une pseudo-légitimité concernant les décisions qu'on a envie de prendre.

Sortir du silence

Qu'on aille ou non consulter un psy, qu'on s'ouvre à un(e) ami(e) sur sa situation affective ou qu'on sollicite d'autres ressources extérieures, il y a un moment où, de toute façon, quelque chose d'important se produit : on décide enfin de sortir du silence. On est prêt à parler de ce que l'on ressent intérieurement.

Qu'on le veuille ou non, parler à autrui fait franchir une

nouvelle étape dans le processus de séparation. Pour certains, parler ouvertement à quelqu'un de confiance est l'occasion de nommer les difficultés du couple pour la première fois. Les mots contraignent à une clarification de la pensée qui, jusque-là, était encore confuse et imprécise. Ils résonnent dans la tête : on s'entend dire qu'on n'est pas heureux et qu'on se pose des questions. Pour la première fois, on dit de vive voix qu'on veut partir. La situation devient alors beaucoup plus concrète car elle commence à exister pour d'autres personnes que soi-même ! Une fois le secret levé, on ne peut plus se dire que le problème n'existe pas : le déni n'est désormais plus possible.

Initier en soi le deuil de la relation

Il est extrêmement douloureux de reconnaître que cette relation dans laquelle on avait tant investi touche vraisemblablement à sa fin. On y a cru, pourtant. On pensait que l'amour pouvait tout vaincre et tout accomplir. On fait l'amer constat aujourd'hui que non, ce n'est pas vrai.

Mettre fin à une relation difficile, douloureuse ou « délabrante » psychologiquement est parfois le seul moyen de parvenir à un réel apaisement du cœur et de l'esprit. On ne peut pas rester dans une relation qui, à ses yeux du moins, a perdu sa raison d'être. À persister dans un environnement que l'on juge entaché d'hostilité, d'ennui, d'indifférence, de vide ou de mépris, on ne se fait certainement pas du bien, ni à soi-même, ni à son conjoint, ni à ses enfants. Ainsi, en son for intérieur, alors que rien n'a peut-être encore été dit au conjoint, on initie en soi le deuil de la relation. Peu importe, alors, si la séparation effective ne surviendra que des semaines, des mois ou des années plus tard. Le processus de deuil débute bel et bien à ce moment-là. Ce deuil est bien souvent l'un des temps les plus difficiles de la séparation pour celui/celle qui s'en va. Ultérieurement, cette souffrance sera rarement reconnue comme telle par la personne qui est quittée (quand, en réaction aux reproches d'insensibilité de la part de son conjoint, le/la partenaire dira que lui/elle aussi a profondément souffert de la situation avant la rupture).

Le deuil de la relation est un processus qui va s'inscrire dans le temps. Cette période, qui va durer de quelques semaines à quelques mois, a une forte coloration émotionnelle, essentiellement dépressive. On y rencontre tristesse, parfois mépris de soi et beaucoup, beaucoup de culpabilité. On sait en effet qu'on risque de faire du mal, alors que c'est pourtant la dernière chose que l'on souhaite. On se sent extrêmement mal à l'aise en face de son partenaire qui continue à vivre, insouciant du lendemain, alors qu'on sait de quoi il sera fait. On a presque honte de rester là, face à cette personne qui ne se doute de rien, sans parvenir encore à lui dire quoi que ce soit.

On oscille longtemps entre le soulagement d'avoir enfin pu prendre une décision et l'angoisse de s'être trompé(e). Même si on est parfois convaincu(e) que c'est la meilleure solution, cette certitude a bien du mal à atténuer la douleur du deuil et la peur de l'avenir.

2.

Deuxième étape : l'annonce de la rupture

« Écoute, il faut que je te parle… » La deuxième étape s'initie quand le partenaire qui souhaite partir énonce explicitement son désir. C'est là que l'autre partenaire, celui ou celle qui est quitté(e), intègre à son tour le processus de séparation. Il ne figurait qu'au second plan dans tout ce que nous avons évoqué jusque-là. Avec l'annonce de la rupture, il/elle entre en scène et va réagir vivement, en revendiquant une place qu'il lui était, jusqu'à ce jour, impossible d'occuper.

Avant d'aller plus loin, où en est le/la partenaire qui va être quitté(e), à l'issue de la première étape ?

Il est fort probable qu'à l'aube de l'annonce de la rupture, cette personne n'ait aucune intuition de ce qui se joue chez son conjoint : elle n'a aucune conscience de ce qui se passe et, même si elle a bien perçu certains changements de comportement, elle n'a peut-être pas établi de liens de cause à effet. Il ne faut pas oublier qu'elle peut également nier toute menace pouvant peser sur la relation. Ce déni d'un potentiel malheur à venir rend alors impossible la lecture des signaux de détresse envoyés par le conjoint. Bref, le partenaire ne voit rien venir et l'annonce de la rupture en sera d'autant plus brutale.

À l'autre extrême, l'attitude du conjoint est tellement explicite qu'il faudrait être aveugle pour ne rien remarquer ! Il passe de plus en plus de temps à l'extérieur de la maison, il n'est même plus là le week-end et ne prévient plus s'il rentre ou non ; elle ne fait plus aucun effort pour dissimuler ses relations extraconjugales et laisse traîner des lettres et des numéros de téléphone ; il devient franchement irrespectueux et a perdu toute considération pour sa partenaire… La dégradation de la relation a désormais atteint un niveau intolérable. La rupture est la seule solution viable. Rien n'a encore été dit de définitif, mais l'issue de la situation est tellement claire que c'est tout comme.

Entre ces deux positions, tout est possible : le partenaire est soit spectateur, soit acteur d'une pièce dont la mise en scène lui échappe. Il capte bien certains signaux, mais la lecture qu'il en fait reste partielle.

Néanmoins, le conjoint n'est pas stupide. Il a des yeux pour voir et des oreilles pour entendre. À un certain niveau, il *sait* que quelque chose se trame. Mais lui aussi a peur ! Cet homme ou cette femme redoute à son tour de nommer les choses car, en mettant des mots sur ses craintes les plus folles, il/elle appréhende de se les voir confirmer par son partenaire, qui en profiterait alors pour « lâcher le morceau » ! Le conjoint perçoit une atmosphère pesante et menaçante et feint l'insouciance, ou bien son stress est tel qu'il commence lui-même à déprimer. En tout cas, pour un temps plus ou moins long, le/la partenaire préfère jouer la carte du silence, en espérant que la situation présente n'est juste qu'un moment difficile à passer. Il/elle tente de rationaliser ou de banaliser les comportements de son partenaire. C'est plus rassurant comme ça.

« Il a beaucoup de travail, c'est pour cela qu'il est fatigué et qu'on ne fait plus l'amour… »

« Elle est un peu déprimée depuis que notre petit dernier a quitté la maison pour faire sa vie. C'est normal, ça va passer... »
« C'est juste la crise de la quarantaine, ça va se tasser tout seul... »
« Ça fait dix ans qu'on est mariés. Il ne me parle plus beaucoup, mais c'est logique qu'on n'ait plus grand-chose à se dire. Ça arrive dans tous les couples. Ce qui compte, c'est qu'on s'aime toujours, n'est-ce pas ? »
« On s'aime toujours..., n'est-ce pas ? »

Au mieux, le conjoint a lui aussi constaté, depuis longtemps que la relation était en perdition. À un niveau inconscient, son deuil de la relation est déjà initié quand son conjoint se décide à lui parler de rupture. Le/la partenaire peut être presque soulagé(e) que ce pas soit enfin franchi et qu'il soit possible de communiquer ouvertement sur l'avenir mutuel. Cela ne signifie pas que le processus de séparation ne sera pas douloureux (c'est malheureusement sa nature de l'être). Mais, lorsque les deux partenaires sont relativement « synchrones » et sur un pied d'égalité face aux événements, la souffrance est quelque peu amoindrie et les conflits peut-être un peu moins virulents.

L'annonce

Pourquoi celui qui part décide-t-il un jour de briser le silence ? Pourquoi celle qui veut mettre un terme à la relation ose-t-elle finalement parler à son compagnon ?

C'est difficile à dire. On est parvenu au terme de sa réflexion : le silence est trop lourd à porter. On n'est résolument plus heureux dans cette relation et il semble désormais inutile de différer plus longtemps l'annonce de la rupture.

D'autres circonstances peuvent survenir et précipiter les événements : l'épouse veut entamer des démarches pour adopter un enfant ; elle envisage un gros emprunt bancaire pour l'achat d'une maison, le partenaire est muté en province et il souhaite déménager au plus vite... Il devient urgent de mettre cartes sur table. Il est vrai, aussi, qu'on décide de se jeter à l'eau lorsqu'on estime pouvoir raisonnablement se débrouiller seul(e) et qu'il y a désormais plus de bénéfices à partir qu'à rester. Incidemment, c'est parfois pour cette raison que des femmes n'ayant pas travaillé depuis longtemps se lancent dans une formation professionnelle pour être en mesure de subvenir à leurs besoins après la rupture. Elles diffèrent l'annonce de la rupture (parfois pendant plusieurs mois ou années) pour assurer leur sécurité matérielle quand celle-ci sera effective. Il est clair que, dans ce cas de figure, le compagnon pourra lui faire l'amer reproche d'avoir ainsi anticipé la rupture en la préparant dans son dos...

Quoi qu'il en soit, la question, pour l'instant, est de savoir comment mener à bien cette difficile confrontation avec son/sa partenaire. Deux voies se dessinent alors : assumer la séparation ou laisser pourrir la situation jusqu'à son point de rupture ; porter la responsabilité de son départ ou faire en sorte que l'autre assume une décision qu'on n'arrive pas à prendre soi-même.

Assumer la responsabilité de l'annonce

> « Il faut qu'on parle... Je ne suis pas heureuse... J'ai besoin de vivre autre chose ailleurs, avec d'autres gens... Je tiens à toi, mais pas assez pour avoir envie de continuer de vivre avec toi... Je vais partir... »
>
> « Il y a quelqu'un d'autre dans ma vie depuis huit mois... Je

sais, j'aurais dû t'en parler plus tôt... J'ai essayé de te le dire mais je n'ai pas pu... Je ne t'aime plus... »
« Comment te faire comprendre que ton amour m'étouffe... Je suffoque avec toi : tu m'en demandes trop, je n'en peux plus ! Plus rien n'est possible entre nous. J'ai tout essayé, mais maintenant je n'ai plus le temps... Adieu ! »

Annoncer la fin d'une relation est toujours difficile et chargé de souffrance pour les deux partenaires. Il n'existe pas de façon non douloureuse de dire à celui/celle qu'on a aimé(e) que c'est fini et qu'on veut désormais partir. Il y a un aspect positif, néanmoins : l'annonce directe de la rupture met fin à un rapport des forces inégal : les deux partenaires savent désormais à quoi s'en tenir. Le silence est brisé. Le/la partenaire quitté(e) sort enfin de l'ignorance : il/elle devient acteur d'une situation qui le/la concerne au premier chef, peut désormais réagir en connaissance de cause.

Dans le cas le plus favorable (ce qui est rare, en raison de la forte charge émotionnelle de l'annonce), celui/celle qui part a conscience de la violence potentielle de ce qu'il va dire et tente de créer un véritable espace de parole et de négociation (même si, dans un premier temps, le partenaire est sous le choc et incapable de penser calmement).

À l'inverse, certains, extrêmement stressés par la situation, ne parviennent pas à ménager leur partenaire et lui assènent leur décision avec brutalité. L'« agressivité » de leurs propos n'est certes que le reflet d'un profond malaise, mais il est clair que le conjoint qui reçoit la nouvelle de plein fouet ne le perçoit pas ainsi : il n'y voit que la violence d'une annonce sans ménagement.

D'autres, enfin, tout aussi stressés, réussissent néanmoins à prendre le recul nécessaire et, conscients de l'impact de ce qu'ils vont dire, tentent de prendre des gants.

On ne peut pas faire l'économie de la souffrance à l'annonce de la rupture : elle fait partie intrinsèque du processus. Cependant (et ceci s'adresse essentiellement au partenaire qui décide de partir), on peut s'entourer de certaines « précautions », tant pour se préserver soi-même que pour épargner quelque peu son partenaire.

Une chose est certaine : annoncer son intention de partir au milieu ou au détour immédiat d'une violente dispute est une erreur. Cette situation est bien trop émotionnelle pour qu'il en ressorte quelque chose de positif. Cela dit, il n'existe pas de « bon » moment : ce ne sera jamais le bon moment ! De plus, il faut impérativement que le/la partenaire qu'on quitte apprenne directement la nouvelle : on doit lui parler en face à face. Il n'y a rien de pire, en effet, que d'apprendre une telle nouvelle au cours d'une conversation avec une tierce personne qui aurait été mise dans la confidence par son conjoint. Si c'est malheureusement le cas, le ressentiment du partenaire sera légitime. Même si on a perdu tout respect pour son partenaire, on lui doit néanmoins cela.

Dans une certaine mesure, celui/celle qui part est en position de force. C'est pourquoi il vaut mieux éviter de partir bille en tête à l'assaut de son partenaire, en le « chargeant » de tous les reproches de la terre (même s'ils sont légitimes) pour justifier sa décision. Il est clair qu'on y reviendra plus tard ; mais cela n'est pas approprié dès le début de la confrontation. Il est essentiel de parler de soi, en disant « je » : expliquer ce qu'on ressent, son mal-être, ses besoins et ses aspirations ; évoquer les efforts déployés avant d'en arriver là, la difficulté à discuter. Parler en son nom propre, sans remettre directement son/sa partenaire en cause dans un premier temps, ne désamorcera pas ses réactions émotionnelles, mais aura au moins le mérite de ne pas braquer d'emblée cette personne, en l'acculant à une position où elle n'aurait pas d'autre choix que de riposter violemment face aux attaques qu'on lui fait. Si elle se sent attaquée, elle ne pourra, pour se défendre, que réagir à l'agressivité qu'on lui envoie et cela fermera aussitôt le dialogue.

Ainsi, il serait préférable de dire :

> « J'ai besoin d'être pris en compte et d'exister aux yeux de la personne que j'aime » plutôt que : « Tu es trop négligent(e) envers moi ; tu ne fais plus aucun effort pour être attentif(ve). »
> « J'aspire à une vie où je serais plus en contact avec ce qui est essentiel pour moi. Je ne trouve pas cela dans notre vie ensemble », plutôt que : « Tu es fade, sans objectif dans la vie. Tu ne t'intéresses à rien d'important. »
> « Je m'ennuie », plutôt que : « Tu m'ennuies. »
> « Je mesure ma part de responsabilité dans ce qui se passe aujourd'hui entre nous », plutôt que : « Tout est de ta faute ! Je n'ai rien à me reprocher ! »

Cette manière d'interagir avec son conjoint s'appuie sur les principes de la Communication Non Violente[1]. Même si c'est difficile, il est utile de se mettre un instant à la place de son partenaire et de faire preuve de patience. Il ne faut pas oublier, en effet, qu'on prépare son départ depuis longtemps ; on a eu du temps pour anticiper ce qui se passe aujourd'hui. On y a déjà longuement réfléchi. Son/sa partenaire n'a pas eu ce temps de réflexion : il est pris de court par la soudaineté de l'annonce. Il est donc impossible de lui demander d'avoir le recul nécessaire pour appréhender calmement la situation.

Dans le cas très particulier où on craint d'être exposé à la violence de son partenaire en réaction à l'annonce de la

1. Pour en apprendre davantage sur la CNV, je vous invite à lire le livre de Marshall Rosenberg : *Les mots sont des fenêtres*, La Découverte, 2004.

rupture, il est indispensable de préparer des solutions de repli pour se mettre en sécurité (avec ses enfants, le cas échéant). Parfois, il est même préférable qu'il n'y ait pas confrontation directe, compte tenu de la dangerosité potentielle du partenaire. Des associations spécialisées peuvent vous venir en aide dans de telles situations. Il faut utiliser ces ressources et ne pas se mettre inutilement en danger.

Si le risque de débordement est moindre mais que l'on craint une réaction trop vive, il peut être utile de se donner rendez-vous dans un endroit public (café, restaurant...) ; cela a un effet social « contenant » qui peut pondérer les éventuelles réactions d'hostilité de son conjoint. Là encore, il est utile d'avoir prévu quelqu'un (famille ou amis) chez qui se réfugier si besoin est.

Quand la confrontation directe semble impossible

Il est possible qu'on ne parvienne pas à parler à son conjoint, soit parce que cela est trop difficile, soit parce qu'on a trop peur de le faire. On opte alors (consciemment ou non) pour une autre stratégie, *celle qui consiste à ne rien provoquer soi-même et à laisser la situation se dégrader.* On espère en arriver à un point tel que ce sera le partenaire qui craquera le premier, en initiant lui-même le processus de séparation.

On met alors la pression de mille façons sur son conjoint, jusqu'à ce que, à un moment donné, il n'en puisse plus : il ne supporte plus ni le silence ni le mépris, la solitude lui devient intolérable lorsqu'il/elle se retrouve seul(e) le week-end, sans savoir où se trouve son conjoint, et que ce dernier rentre le dimanche soir, sans mot dire. Le/la partenaire mis(e) à bout de nerfs refuse d'accepter davantage l'indifférence de son ami(e), ses humiliations publiques ou les marques flagrantes d'irrespect envers lui/elle. Cette personne n'a plus d'autre choix que de s'élever contre l'attitude de son conjoint et réclame des explications. Celle-ci, poussée à bout, « pète les plombs » et s'égare dans des comportements où elle ne se reconnaît pas ! Exaspérée par les agissements de son partenaire, elle en vient à des actes parfois extrêmes (violentes scènes de ménage, crises de larmes, agressivité ou refuge désespéré dans les bras d'un autre…), en réaction à la situation générée par son conjoint. Celui-ci saisit alors la balle au bond et réplique, outré (ou trop content !) que sa partenaire le mette dans une situation intolérable. Consciemment ou non, il n'attendait que ça ! Dans ces conditions, affirme-t-il en prenant parfois les autres à parti, il lui est impossible de rester, n'est-ce pas ?… Il se jette sur l'occasion pour s'emparer du mécontentement manifesté par sa partenaire, afin de le retourner contre elle !

> « Quoi ? Mais qu'est-ce que ça veut dire ! Je ne peux pas accepter les reproches que tu me fais ! Je suis libre de faire ce que je veux et je ne tolère pas que tu fasses pression sur moi ! Si tu veux que je parte, eh bien soit, je pars. Mais sache que c'est toi qui me mets à la porte. C'est toi qui démarres les hostilités, pas moi ! »
>
> « Comprends bien que ton comportement est totalement inadmissible : tu ne me laisses pas d'autre choix que de partir ! »

Le partenaire qui a le projet de quitter la relation fait alors basculer la responsabilité de la rupture sur celui/celle qu'il s'apprête à quitter. L'autre, aux abois et stupéfié par ce retournement, se trouve pris au piège d'une situation qu'il ne contrôle plus. En apparence, tout semble plaider contre lui, et il est même capable de se sentir coupable d'avoir créé un tel désastre ! L'impact psychologique de ces événements est parfois tellement violent que, même avec le recul des années, certaines personnes qui ont été quittées continuent à penser qu'elles sont effectivement à l'origine de la rupture, vivant ainsi sous le joug d'une culpabilité totalement infondée.

Les conséquences à long terme peuvent être préoccupantes, notamment au niveau juridique : par exemple, si l'épouse quitte le domicile, poussée à bout par le comportement destructeur de son conjoint (qui est celui qui, en fait, désirait la rupture), lors d'une procédure de divorce, celui-ci peut mettre en avant un abandon du domicile conjugal et avoir des exigences pour la garde des enfants ou pour un dédommagement financier ! On se retrouve alors dans la situation absurde où le/la partenaire quitté(e) doit rendre compte d'actes commis sous l'influence de l'autre partenaire. Dans ce cas de figure, la personne quittée et qui décide de quitter la maison subit souvent la condamnation sociale (voire juridique) liée à l'abandon du domicile conjugal. C'est d'ailleurs par crainte de ce type de condamnation que le conjoint sur le départ s'interdit souvent d'initier lui-même le processus de séparation et tente de faire basculer le blâme sur l'autre partenaire.

Après l'annonce

Le choc, l'incrédulité de la personne quittée

« Mon Dieu, ce n'est pas possible ! Ça ne peut pas nous arriver, pas à nous ! Mais enfin, on a tout pour être heureux ! Comment peux-tu me dire que tu pars ?! Tu ne peux pas me faire ça ! »

On n'arrive pas à y croire. Même si, parfois, on s'attendait à une telle annonce, on est néanmoins sous le choc, stupéfait et incrédule. On se trouve brutalement plongé dans une situation qui dépasse en intensité tout ce qu'on a pu connaître par le passé.

En un éclair, on voit défiler toutes les conséquences de la séparation : vendre la maison qu'on vient à peine d'acheter ? Rembourser seul(e) le prêt immobilier ? Devoir travailler, car on va être sans ressources ? Et les enfants ? Que vont dire les parents et les amis ? Je vais me retrouver seul(e) ?! C'est trop soudain, tout s'embrouille et on a presque le vertige. C'est comme si, en une seconde, on perdait tout contrôle sur son existence.

Dans les premiers temps de la rupture, la douleur psychique est telle qu'il faut s'en protéger coûte que coûte. On n'a pas le choix ! Ainsi, à un niveau inconscient, on met en place, dans l'urgence, une protection mentale temporaire destinée à étouffer la souffrance de l'instant. On crée une « épaisseur » de sécurité, une distance entre soi-même et la menace que représente cette immense douleur. La conséquence est qu'on se retrouve comme anesthésié, vidé de toute sensation, comme en état de choc. On fonctionne pendant un temps comme un robot, machinalement, en faisant tout pour ne pas trop penser. Ressentir quoi que ce soit ferait trop mal, alors on coupe tout, on se « débranche » émotionnellement et on se met en pilotage automatique. Certains (les hommes surtout) se réfugient dans le travail ; ils s'immergent dans leur activité professionnelle et restent au bureau jusqu'à point d'heure. L'objectif est de ne pas penser ou de repousser au maximum le moment de rentrer à la maison : ils redoutent de se confronter à nouveau avec cette partenaire qui s'apprête à les quitter. Cet état de choc peut durer de quelques jours à quelques mois ! Pour d'autres, le choc est si violent que la façon d'y faire face est le refus pur et simple de ce que déclare le/la partenaire. C'est trop absurde, ça remet trop de choses en question, on refuse d'en entendre davantage ou d'admettre que son conjoint est vraiment sérieux.

« Tu racontes n'importe quoi ! »
« Mais enfin, tu es folle ! Il y a à peine un mois, on a passé les plus belles vacances de notre vie ! »
« Je refuse d'accepter ce que tu me dis… Tu veux sûrement me dire autre chose : alors, qu'est-ce qui ne va pas ? »

Mais la force de l'évidence est telle que le déni ne peut pas durer très longtemps. La détermination du conjoint à se faire entendre n'autorise désormais plus le doute.

Il est important de souligner que la personne qui est quittée n'est pas la seule à éprouver de l'incrédulité face aux événements : à un certain niveau, celle qui annonce son départ peut ne pas en croire ses oreilles de s'entendre parler ainsi – ne pas en revenir de franchir enfin le pas et d'arriver à ce point de non-retour où il est désormais impossible de faire marche arrière et d'effacer ce qui a été dit.

« C'est pas vrai ! Je n'arrive pas à croire que je suis en train de quitter ma femme après quinze ans de mariage… »
« Ce n'est pas possible que ce soit moi qui laisse mes enfants, mon épouse, ma maison… Il n'y a que les salauds qui partent comme ça… Pas moi ! »

La part de culpabilité est énorme en dépit des apparences. Nous y reviendrons.

Les réactions de l'entourage familial

L'annonce de la séparation ne se limite pas à son/sa partenaire. Hormis les amis (dont nous verrons plus loin les réactions), il faut prévenir le reste de la famille.

Que l'on soit celui/celle qui part ou celui/celle qui reste, c'est un moment difficile à affronter. Souvent, on est beaucoup plus réticent à parler à ses propres parents qu'à ses amis ou ses collègues de travail. Il n'est pas rare de différer très longtemps l'annonce de cette nouvelle à ses parents, alors que ça fait des semaines qu'on l'a déjà partagée avec ses amis. Les raisons de cette réticence sont multiples. Par exemple, on ne veut pas leur faire de peine : ils sont heureux, après une vie de labeur, et on ne souhaite pas gâcher leur bonheur. Ou bien ils sont trop vieux, ou très malades, et on craint de les perturber inutilement. Dans une telle situation, certains décident même de ne jamais parler à leurs parents de leur situation conjugale. Ou alors, on refuse de se présenter à eux en position d'échec. On éprouve une certaine honte à reconnaître qu'on a échoué là où ils s'attendaient à ce qu'on réussisse. On craint de les décevoir. Dans le même registre, l'échec de la relation peut réactiver de vieilles compétitions entre frères et sœurs dans la quête de l'approbation des parents. On ne veut pas être désigné(e) comme celui/celle qui ne saura jamais mener correctement sa vie, alors que ses frères et sœurs semblent très bien s'en sortir. On peut aussi redouter l'intrusion de ses parents dans sa vie. On n'a pas envie d'écouter des conseils qui ne correspondent en rien à la situation présente, de gérer leurs angoisses ou leur culpabilité de ne pas avoir su donner à leur enfant les outils pour réussir sa vie de couple, d'affronter leurs tentatives pour réparer la relation, ou encore de subir l'exaspérante affirmation de leur omniscience parentale : « On te l'avait bien dit, que ce garçon n'était pas bien pour toi. Mais tu ne nous écoutes jamais ! »

On redoute aussi le droit que s'octroient les parents et la fratrie de commenter, sans détour, les décisions qu'on prend. Ils trouvent légitime de critiquer ou d'approuver la rupture et se permettent parfois de donner des leçons à l'enfant-adulte qu'on est, comme si on avait toujours huit ans ! Au pire, ils peuvent téléphoner ou rencontrer notre partenaire (sans nous en faire part) et tenter de négocier une réconciliation !

Il y a autant de réactions à l'annonce de la séparation qu'il y a de parents. Ces derniers peuvent accueillir sans condition toute décision de leur enfant, en l'accompagnant dans ses choix d'adulte, tout comme ils peuvent condamner sans appel un choix jugé immoral ou irresponsable. La réaction parentale n'est pas neutre dans la suite des événements : leur attitude vis-à-vis de leur gendre ou de leur belle-fille colore le climat émotionnel de la séparation. Leurs prises de parti peuvent influencer les décisions des partenaires dans des directions qu'il n'est pas toujours sage de suivre... Une chose est sûre : plus les parents sont âgés, plus ils éprouvent de difficultés à saisir les raisons de la séparation. Leurs critères de jugement appartiennent à un temps où le divorce était une profonde disgrâce sociale. Ils peuvent comprendre, à la rigueur, s'il y a adultère patenté, ou violence conjugale avérée. Mais leur incompréhension est évidente, quand on leur parle d'incompatibilité fondamentale ou de désir d'évolution personnelle. Leur perception de la situation les mène parfois à des attitudes extrêmement maladroites en dépit de leurs bonnes intentions. Aussi l'enfant-adulte préfère-t-il souvent les tenir à distance.

Les tentatives de dialogue et de négociation

Il arrive pourtant un moment où on ne peut plus nier l'évidence. Cela peut prendre beaucoup de temps, mais on arrive finalement à la pénible conclusion que la relation est très profondément menacée. Cependant, le décalage initial est toujours présent : d'un côté, le partenaire sur le départ estime avoir tout essayé pour sauver la relation ; il a presque déjà déclaré forfait ; de l'autre, le conjoint qui est quitté a toujours un mode de fonctionnement qui place la relation au centre de ses préoccupations, il n'a rien investi ailleurs (il n'avait d'ailleurs aucune raison de le faire, ni aucun désir) et il reste convaincu qu'avec les efforts nécessaires, il est encore possible d'inverser le cours des choses...

> « Ne me quitte pas ! Laisse-moi un peu de temps... Je ferai tout ce que tu veux. Mais ne pars pas tout de suite ! Il faut qu'on parle. Je ne peux pas accepter que tu me dises que tu pars sans qu'on essaie de sauver notre relation. Tu nous dois au moins ça ! »
>
> « Tu ne peux pas me laisser élever les enfants toute seule ! Ils sont bien trop jeunes, ils ont besoin de toi ! »
>
> « Tu sais bien que je ne pourrai pas finir mes études si tu ne m'aides plus financièrement. Tu ne peux pas partir maintenant ! Tu m'avais promis... »
>
> « Mais enfin, on était heureux ensemble, non ?! On ne va pas tout casser comme ça ! Il y a sûrement un moyen d'éviter ça... »

Deux attitudes sont alors possibles :

• Soit celui/celle qui part est très clair(e) : il/elle part et c'est sans appel, quoi qu'on dise, quoi qu'on fasse. Cette prise de position est très radicale. Ultérieurement, elle donnera à la personne quittée l'impression que rien n'a été tenté pour sauver la relation, alors que, du point de vue de l'autre partenaire, il y a déjà eu des efforts, mais ils ont lamentablement échoué. Il/elle n'a plus envie de recommencer parce qu'il/elle est aujourd'hui persuadé(e) que c'est vain. Au pire, il/elle peut brusquement quitter le domicile et ne plus donner de nouvelles ! C'est un cas de figure assez rare, mais il existe. Le partenaire qui reste est alors profondément déstabilisé car, n'ayant plus aucun signe de la part du conjoint pour donner sens à la situation, il reste longtemps choqué et meurtri, assailli de mille questions qui restent sans réponse.

Si la partenaire ne quitte pas immédiatement la maison, mais s'il est clair pour elle que sa décision est irrévocable, elle doit parfois se faire violence pour rester de marbre devant l'état émotionnel, les plaintes ou même les suppliques de son conjoint dévasté par la nouvelle. Pour ne pas se laisser émouvoir par la détresse ou les arguments de ce dernier, elle n'a parfois pas d'autre choix que de se couper de lui émotionnellement pour ne rien ressentir, pour ne pas craquer face à sa détresse. Elle se contraint alors à porter un masque de froideur et de distance, ce qui choque encore plus son conjoint, qui se retrouve soudain devant une étrangère *apparemment* indifférente à sa souffrance. Celle qui part n'est pas moins choquée par sa propre attitude : elle se sent très coupable et est fortement ébranlée de faire preuve d'autant de « dureté » vis-à-vis de quelqu'un auquel elle ne veut pas faire de mal intentionnellement...

Parfois, la partenaire quittée, consciente de la détermination de son conjoint à arrêter la relation, va mettre en œuvre des stratégies rendant impossible son départ, ou du moins agir de sorte que son partenaire ait plus d'avantages à rester qu'à partir. Ce peut être des chantages par rapport aux enfants, menaces de lui interdire tout contact avec eux, menaces de suicide, pressions économiques, sociales (ou autres) par lesquelles le conjoint se retrouve « coincé », car son statut, son activité ou sa situation financière dépendent, en partie, de sa partenaire. Cette dernière tente d'inverser le rapport de force et contraint l'autre à rester car il aurait trop à perdre autrement. À l'extrême, la pression exercée peut aller jusqu'à la violence physique, lorsque le conjoint quitté en arrive à menacer l'autre s'il/elle part.

• Soit il reste un semblant d'espoir. Malgré tout, il existe un petit espace de négociation et on veut croire (à tort ou à raison) que la réparation est encore possible : le conjoint qui est quitté plaide sa cause. Il reprend les arguments exposés par son/sa partenaire et propose des alternatives à ses interprétations négatives. Il évoque les bons aspects de la relation, les enfants, le passé commun heureux, la force du lien qui les unissait autrefois… Refusant d'abdiquer sans se battre, il tente de faire vaciller la détermination de sa compagne/son compagnon et mobilise son énergie et sa force de persuasion pour la/le convaincre que cela vaudrait la peine d'essayer de nouveau.

Sauver la relation ?

L'œil du cyclone

L'œil du cyclone, c'est un calme soudain au milieu de la tourmente. Les vents destructeurs cessent soudain de souffler et le ciel s'éclaircit… Tout semble s'arrêter.

Jusque-là la situation était très tendue psychologiquement. L'annonce de la rupture, après un temps de panique et d'effondrement, a paradoxalement eu l'effet d'une soupape de décompression qui fait chuter les tensions. On a enfin crevé l'abcès, on a osé dire tout ce qu'on avait sur le cœur depuis si longtemps, on a vidé son sac et... ça va mieux ! Maintenant que tout a été clairement énoncé, certains conjoints ont, tous les deux, l'impression qu'il est possible de repartir sur de nouvelles bases : on se fait des promesses (même celles qu'on sait être incapable de tenir...), on fait amende honorable sur ses fautes et égarements passés, on pardonne, on envisage à nouveau l'avenir : un voyage, une nouvelle maison, un bébé, pourquoi pas !

Le danger est de croire que des aménagements de surface peuvent suffire. Néanmoins, l'un et l'autre ont envie de croire à cette amélioration de la situation, car l'idée de se séparer fait vraiment trop mal. Mais si rien n'évolue véritablement dans la structure même de la relation, on reste dans une illusion d'amélioration. Si on se contente de modifications superficielles qui ne posent pas à plat les dysfonctionnements au sein du couple, c'est comme repeindre à neuf un meuble rongé par les vers : au premier choc, il s'écroule ! Si rien n'est « travaillé » en profondeur dans la relation, en faisant l'effort d'explorer courageusement les raisons de ce désir de rupture, les problèmes restent fondamentalement inchangés. Tous les bébés, toutes les nouvelles maisons et tous les voyages du monde seront impuissants à inverser la dynamique de séparation. Dans cette situation, on ne fait malheureusement que reculer pour mieux sauter. Une fois révolu le temps d'accalmie, la tempête reprend de plus belle...

Le poids de la peur

On observe également une telle accalmie (apparente) lorsque les deux partenaires sont terrifiés – voire tétanisés ! – par la tournure que prennent les événements. Une sourde angoisse s'installe après l'annonce de la rupture et ils sont prêts à tout pour faire cesser ce profond malaise et éloigner la souffrance le plus loin possible. On veut tout arrêter d'urgence et retourner au plus vite à la case départ. La panique est telle qu'on est prêt à se réconcilier sous l'influence de la peur. Or la peur ne peut pas être un fondement stable à une réconciliation. Celle-ci est fragile puisqu'elle ne repose pas sur une réflexion en profondeur. Des semaines ou des mois plus tard, le couple retrouvera une situation similaire à celle d'aujourd'hui, avec les mêmes problèmes. Mais la séparation sera alors effective, et certainement plus douloureuse ; et s'ajouteront la colère ou l'amertume d'avoir perdu tant de temps...

Il est clair que c'est principalement le conjoint quitté qui se retrouve sous l'emprise de la peur – peur d'être abandonné et de se retrouver seul, impuissant. Afin d'éviter une telle catastrophe, on va tout tenter pour retenir l'autre. Qui sait ? Il va peut-être revenir sur sa position si... si quoi ? On ne sait pas vraiment, mais on va tout faire pour tenter d'infléchir sa décision.

« Il faut que je change ! » Voilà l'idée ! Cela semble l'ultime moyen de sauver la relation. On met alors son énergie dans tout ce qui est censé plaire à son partenaire pour le faire revenir. L'angoisse au ventre (tellement on a peur d'échouer), on essaie de se « changer » physiquement, psychologiquement, intellectuellement, socialement, sexuellement... On tente de répondre à tous les désirs ou les attentes du partenaire (qu'ils soient explicites ou non, qu'ils correspondent ou non à ce qu'il désire vraiment). Dans un tel état d'esprit, on est prêt aux compromis les plus fous, même ceux qui vont à l'encontre de qui on est ou de ce en quoi on croit : on renonce à avoir un enfant car son conjoint est totalement opposé à cette idée, on suit un régime draconien au point de menacer sa santé, on lui accorde plus de liberté, on va même jusqu'à fermer les yeux sur ses nombreuses aventures sexuelles, ou à accepter qu'il passe des week-ends avec sa maîtresse...

On essaie de se rendre à nouveau digne d'amour aux yeux de son partenaire, quel que soit le prix à payer. On n'ose plus rien dire, plus rien faire qui risque de l'irriter ou de le déranger. On n'exprime ni colère ni reproche, de peur qu'elle ne parte. On espère la retenir en étant « super gentil », en ne lui donnant aucune raison supplémentaire de ne plus nous aimer. On « s'écrase » même quand on a envie d'exploser. On est toujours sur ses gardes, à l'affût du plus petit signe qui signifierait notre retour en grâce...

Mais tout cela ne peut fonctionner qu'un temps : on n'est pas soi-même, on se met sous pression en s'imposant un stress épuisant nerveusement. On essaie désespérément d'être quelqu'un qu'on n'est pas. Après quelques semaines ou quelques mois de ce jeu absurde, on se retrouve déprimé, découragé, en perte de confiance et d'estime de soi. Peu à peu, on perd aussi le fil de son existence. De toute façon, on sent bien (et son partenaire également) qu'il y a quelque chose de fondamentalement artificiel dans ces changements de comportement. Ils sont vains, car leur seul moteur est la peur. Les conditions du succès ne nous appartiennent pas ; il dépend uniquement de l'approbation de l'autre personne.

Un comportement ne change en profondeur que s'il est choisi librement et sereinement, en l'absence de toute contrainte extérieure. Ce n'est manifestement pas le cas dans une telle situation, et c'est pour cette raison que tous ces efforts sont, la plupart du temps, voués à l'échec.

Les efforts de restauration de la relation

Parfois, au-delà des griefs respectifs et des différends rendus manifestes, l'annonce du désir de rupture est un véritable électrochoc pour le couple. Dans le meilleur des cas, cette crise conjugale conduit à un authentique effort de reconstruction de la relation. Les deux partenaires souhaitent sincèrement saisir l'opportunité d'améliorer leur situation et décident de s'en donner les moyens. Le sauvetage de la relation a d'autant plus de chances de réussir que la confrontation entre les deux partenaires se fait précocement, à un moment où la relation n'est pas encore trop dégradée et où une communication en profondeur est toujours possible. Il est nécessaire également que le partenaire qui souhaite partir n'ait pas encore trop désinvesti la relation et qu'il ne soit pas trop avancé dans son travail de deuil. Formulé précocement, le désir de partir – ou du moins l'expression du malaise et des doutes sur le sens de la relation – peut conduire à redéfinir la structure d'une relation à laquelle les deux partenaires sont encore attachés. Celle-ci est toujours source de gratifications et l'un et l'autre sont sincères dans leur désir d'y « travailler ».

La vigilance est de rigueur, car fournir ce type d'effort est véritablement exigeant. On peut réussir pendant un temps, mais si on relâche son attention, on retombe dans les mêmes travers qu'au début ! Les mêmes difficultés reviennent en force. Les mêmes causes produisant les mêmes effets, on se retrouve face à une nouvelle crise, qui n'est que la répétition de la première. On recommence à se déchirer et la dynamique absurde des conflits récurrents se met en marche. Si ce schéma s'inscrit dans la durée, le couple passe son temps à alterner entre moments d'apaisement et crises aiguës, sans qu'aucune décision puisse être prise, ni d'un côté ni de l'autre, pour arrêter ce cycle infernal. La vie s'écoule ainsi dans une totale frustration.

Quelques rares couples parviennent à retomber sur leurs pieds et réussissent dans leur démarche de reconstruction. Malheureusement, force est de constater que la grande majorité, en dépit de ses efforts et de sa bonne foi, échoue. Trop de choses se sont abîmées au fil du temps ; le processus de séparation a commencé il y a déjà trop longtemps et il est aujourd'hui trop tard pour en inverser le cours.

En dépit de ces multiples obstacles, peut-on néanmoins se donner encore une chance ?

Malgré les forces qui s'opposent à un retour en arrière, il est possible de dégager quelques pistes à suivre pour essayer de repartir sur de nouvelles bases. Cela fait figure de sauvetage *in extremis* mais, là encore, ça peut marcher…

Se regarder en face

Il est toujours plus facile d'accuser l'autre de tous les maux de la terre. Or la responsabilité de la relation se répartit entre les deux partenaires à 50-50. La relation n'est que le résultat de l'interaction entre ces deux personnes. Comprendre ce qui s'y joue implique de définir correctement le rôle de chaque membre du couple.

Il est faux d'affirmer que le conjoint est totalement responsable de toutes les difficultés relationnelles. Il n'est jamais complètement noir et on n'est rarement complètement blanc soi-même, même si certaines situations montrent que l'autre porte objectivement la plus grosse part de responsabilité. Qu'on en ait conscience ou non, on contribue, d'une façon ou d'une autre, à l'apparition ou à l'aggravation du problème relationnel, soit en restant passif face à sa mise en place (en le niant, par exemple), soit en y participant activement (par exemple, en refusant sciemment d'établir une meilleure communication avec son conjoint).

Ainsi, quand on est malheureux dans sa vie de couple, il est vraiment utile de considérer sa propre contribution à la dégradation du lien (même si cette exploration est très inconfortable). Quelle est ma part de responsabilité ? Est-ce que je me pose délibérément en victime ? Ai-je créé, en toute conscience ou en totale ignorance, un environnement affectif intenable qui fait qu'aujourd'hui ma partenaire demande le divorce ?

Trouver un début de réponse à ces questions peut être le point de départ d'un travail de restauration de la relation.

Accepter de comprendre son conjoint

Un principe de communication veut que pour être entendu et compris par son interlocuteur, il soit nécessaire, en premier lieu, de l'écouter et de chercher sincèrement à le comprendre. Que l'on soit « quittant » ou « quitté », si on souhaite vraiment être compris, il faut que cet effort de compréhension aille dans les deux sens. Qu'est-ce que mon/ma partenaire cherche à me dire ? Dans quelle mesure suis-je vraiment disposé(e) à l'entendre, à entendre son mal-être et sa souffrance ? Jusqu'où va mon désir de vraiment prendre en compte ce qu'il/elle me dit ?

Cette attitude présuppose qu'un certain degré de communication subsiste encore dans la relation. Il est en effet impossible de jeter les bases d'un dialogue constructif dans un climat trop violent ou trop émotionnel. Ouvrir le dialogue est effectivement difficile. On est parfois tellement en souffrance ou en lutte l'un contre l'autre qu'il est impossible de se parler calmement.

Quoi qu'il en soit, l'essentiel est d'être le plus ouvert possible – ouvert sur ses besoins et ses attentes au sein de la relation, honnête sur ce qu'on ressent, clair sur sa volonté de comprendre là où en est son partenaire, résolu à écouter ce qu'il a à dire, même si cela n'est pas très agréable à entendre.

Mais attention : cette ouverture ne signifie pas que l'on soit d'accord avec tout ce que dit son/sa partenaire, ni que ce dernier doive automatiquement adhérer à notre point de vue. L'objectif, pour le moment, est de parvenir à se parler sans se déchirer. Cela constitue la base des discussions ultérieures.

Un des obstacles à la communication sera la colère. Il faut bien comprendre en effet que colère et violence émergent quand on a mal. On veut punir ce partenaire qui nous fait tant de mal ; on veut l'agresser en retour. C'est normal, c'est humain, mais ça ne mène à rien, sinon à se faire souffrir encore davantage ! Ainsi, si on parvient à nommer humblement sa souffrance (en mettant son amour-propre de côté...), tout en reconnaissant la souffrance de l'autre, on crée indiscutablement un terrain de plus grande écoute : « Tu as mal, j'ai mal aussi. Cette situation crée en nous beaucoup de souffrance, alors essayons de ne pas en rajouter. Ça ne servira à rien, si on veut avancer. »

Il ne faut pas non plus perdre de vue que l'annonce de la rupture peut signifier autre chose qu'une volonté effective de partir. C'est parfois un ultime appel au secours qu'on lance vers son conjoint (ou que celui-ci lance vers nous). Ce cri devient alors si fort que ni l'un ni l'autre ne peut faire autrement que de l'entendre ! Cette compréhension est le premier pas vers une écoute authentique, car c'est peut-être la première fois qu'on perçoit avec autant d'acuité le mal-être de notre compagnon (ou qu'il comprend l'intensité de notre désarroi). Si on arrive ensemble à cette prise de conscience, les données du problème peuvent changer radicalement et le travail de réconciliation est encore possible.

Accepter les efforts nécessaires

S'il est important de faire le diagnostic de la situation dans laquelle se trouve le couple et d'identifier le pourquoi des difficultés rencontrées, on ne peut pas s'en tenir là. Le vrai changement réside surtout dans le comment : comment faire évoluer notre relation ? À partir des informations dont nous disposons aujourd'hui, que devons-nous concrètement mettre en place pour en changer la dynamique ?

Mais, avant d'aller plus loin, il est important de s'arrêter un instant sur la volonté de réconciliation du partenaire qui a manifesté le désir de quitter la relation.

À la demande de son conjoint et sous la pression de sa propre culpabilité, il/elle a finalement accepté de « faire des efforts ». Mais est-ce que le cœur y est vraiment ? Qu'en est-il de l'authenticité de cette résolution ?

Il faut évidemment que le désir de réconciliation soit mutuel. Et, pour cela, il est nécessaire que les deux partenaires reconnaissent qu'en dépit des conflits et du chemin de deuil déjà parcouru par celui/celle qui veut partir, il persiste suffisamment d'amour dans la relation pour que chacun ait envie d'aller plus loin.

Si cette motivation de fond n'habite qu'un seul des partenaires, la situation est précaire. En effet, il arrive parfois que le partenaire « sur le départ » semble effectivement se mobiliser, mais en faisant en sorte d'échouer ! En surface, il paraît sincère, mais, si on creuse un peu, on découvre, tapie dans le secret de ses pensées, la volonté de saboter ses propres efforts. Cette situation a déjà été rencontrée lors de la première étape, quand le conjoint, en proie à l'ambivalence, tentait *seul* de sauver la relation, sans savoir s'il y croyait vraiment. La différence majeure aujourd'hui est que l'autre partenaire est directement impliqué(e) dans les efforts de restauration de la relation… et cette personne s'attend à ce qu'il en soit de même pour son conjoint ! C'est une manière « douce » d'amener son/sa partenaire à reconnaître que la relation est bel et bien perdue et que rien ne peut désormais la sauver.

Il ne la désire plus depuis longtemps. Il veut la quitter pour s'épanouir sexuellement ailleurs. Elle lui demande de faire des efforts pour faire renaître leur intimité sexuelle. Il accepte et il exerce alors sur elle une forte pression, par des demandes bien trop fréquentes auxquelles, il sait bien, qu'elle ne pourra pas répondre de façon satisfaisante. À tel point qu'elle se refuse parfois à lui en affirmant que ce n'est pas cela qu'elle souhaitait. « Tu n'es jamais contente, réplique-t-il. Tu vois bien que j'essaie d'être plus présent à toi sexuellement et c'est toi qui recules ! Non, vraiment, ça ne marchera pas… C'est clair maintenant… »

Quelles que soient les modalités du sabotage, la conclusion est toujours la même : « On a fait tout notre possible : tu vois bien qu'on n'y arrive pas ! On ne pourra pas dire qu'on n'a pas tout essayé ! Il faut se rendre à l'évidence : notre relation ne fonctionne plus… » En procédant ainsi, on s'épargne les reproches (et la culpabilité) de ne pas avoir essayé. Dans l'exemple précédent, on parvient même à faire porter le chapeau à la personne quittée !

Il est essentiel de rappeler que ces stratégies ne sont pas toujours conscientes. C'est pourquoi il faut se garder de faire systématiquement un procès d'intention au partenaire qui se comporte ainsi. Chacun a ses raisons propres d'agir de telle ou telle façon. Il nous est simplement demandé d'en être le plus conscient possible, pour ne leurrer personne – ni soi-même ni autrui.

Tenter une thérapie de couple : une arme à double tranchant...

Parfois, la communication se bloque. On ne parvient plus à se parler. Le sachant, on envisage de se faire aider par un professionnel pour tenter de sauver ce qui peut encore l'être.

Avant toute chose, il faut dire clairement que, contrairement à ce que certains pensent, *la psychothérapie n'a pour finalité ni de sauver la relation, ni de précipiter sa chute.* Son issue est totalement imprévisible, qui peut aller de la réconciliation à la rupture effective, avec tous les intermédiaires possibles. La psychothérapie laisse aux personnes qui consultent l'entière responsabilité de leur décision.

Qu'elle soit de couple ou individuelle, elle constitue un moyen très efficace pour mettre au jour et nommer explicitement ce qu'on n'ose pas se dire tout haut. C'est une épreuve de vérité qui aide à rendre manifeste (ou conscient) au patient (ou au couple) ce qui était jusqu'alors inconscient. La thérapie n'est pas là pour dire aux personnes ce qu'elles doivent faire, ni pour les conforter dans leurs décisions. C'est une dérive possible. Il arrive en effet qu'une partenaire accepte de venir consulter avec son conjoint dans le secret espoir que le psy légitime son désir de rupture. Elle espère ainsi se dédouaner d'une partie de la décision et donc de la culpabilité qui en découle : « Ce n'est pas moi qui ai décidé de partir, c'est le psy qui m'a conseillé de le faire ! » Le psy est là pour relever ce détournement pernicieux du processus psychothérapeutique.

La thérapie de couple se focalise sur le fonctionnement (et les dysfonctionnements) du couple, sur la définition des place et rôle de chacun des partenaires dans les difficultés qui les opposent, et sur l'énoncé de la souffrance qui en découle.

Elle veille à identifier les représentations et schémas de fonctionnement inconscients qui fondent les comportements de chacun et à déterminer comment les deux partenaires interagissent sur la base de ces schémas. Les partenaires sont invités à explorer leur mode de communication, ainsi que les différents éléments qui ont contribué à sa détérioration progressive. Des alternatives de comportement sont alors envisagées pour tenter de contrecarrer les effets pervers du mode d'interaction actuel.

Ce travail est un temps où la responsabilité de chacun est mise au jour. C'est parfois difficile à accepter par le partenaire concerné, car il peut avoir l'impression que le psy le juge ou qu'il prend parti contre lui (ce qui, bien sûr, ne doit *jamais* être le cas).

Il va sans dire que la thérapie de couple n'a de sens que si les deux partenaires s'y engagent sincèrement. Sinon, évidemment, elle est vouée à l'échec. C'est d'ailleurs là que se situe toute la fragilité de cette démarche. Très souvent, quand les personnes viennent consulter pour la première fois, la situation est déjà trop délabrée pour être sauvée. Il apparaît rapidement que trop de ponts ont déjà été brûlés derrière soi pour qu'un retour en arrière soit possible. C'est peut-être aussi ce que ces personnes ont besoin d'entendre pour qu'elles cessent de se bercer de vaines illusions sur la viabilité de leur couple et acceptent (enfin) de passer à autre chose. Certains couples ont besoin de consulter pour arriver ensemble à cette conclusion. Parvenir en même temps à ce constat en présence d'un psy peut être une façon de se dire qu'on a tout essayé.

Dans un même ordre d'idée, la démarche est d'emblée compromise si un partenaire (principalement celui/celle qui a initialement manifesté son désir de partir) y va à contrecœur, soit qu'il joue le jeu avec l'intention (consciente ou non) d'utiliser le processus de thérapie pour convaincre son conjoint (et le psy !) que la relation est bel et bien moribonde, soit qu'il ne s'y investisse pas, se rendant à une ou deux séances et laissant finalement son conjoint consulter seul. Le message est clair : la relation est morte à ses yeux et c'est parfois le rôle du psy d'aider l'autre partenaire à accepter cette réalité. Dans ce contexte, l'objectif de la thérapie change : on passe d'une logique de « sauvetage » à une logique de « reconstruction de soi ». Le psy se propose d'accompagner psychologiquement cette transition. Il orientera davantage son travail sur la mobilisation des ressources psychiques nécessaires au passage du partenaire quitté vers une nouvelle vie. Un deuxième volet du travail devra explorer ce qui a conduit à la rupture définitive.

Deux autres possibilités à explorer

Avant de clore ce chapitre, il reste deux options originales à examiner.

La médiation conjugale

« La médiation familiale en matière de séparation et de divorce est un processus de gestion des conflits dans lequel les membres de la famille demandent ou acceptent l'intervention confidentielle et impartiale d'une tierce personne, le médiateur familial.

« Son rôle est de les amener à trouver eux-mêmes les bases d'un accord durable et mutuellement acceptable tenant compte des besoins de chacun, et particulièrement de ceux des enfants, dans un esprit de coresponsabilité parentale.

« La médiation aborde tous les enjeux de la désunion, notamment relationnels, économiques, patrimoniaux, etc.

« Par extension, ce processus peut être accessible à l'ensemble de la famille (ascendants, descendants ou collatéraux), qui est concernée par une rupture de communication dont l'origine est liée à la séparation : la succession, les nouveaux conjoints ou compagnons, les placements familiaux. »

Pour reprendre les mots de Jocelyne Dahan et Évangeline de Schonen-Desarnauts :

« La médiation familiale est un "entre-deux" qui offre un espace de compréhension du conflit. Espace qui permet, avec le temps, d'intégrer la situation nouvelle, aux émotions de s'exprimer et qui favorise pour les parents le fait de conserver leurs responsabilités, d'être acteurs de leurs décisions et d'organiser par eux-mêmes les nouvelles relations familiales. Aujourd'hui, les familles peuvent avoir recours à ces services soit par elles-mêmes, de façon spontanée, soit sur les conseils d'un professionnel tel qu'un médecin, un travailleur social, un psychologue, un psychothérapeute, un avocat, mais aussi sur proposition d'un magistrat, et il est important de rappeler que le caractère volontaire de cette démarche demeure indispensable… Les familles peuvent solliciter l'intervention d'un médiateur familial à tout moment du différend : dès que se pose, pour l'un des deux partenaires, la question du maintien de la vie conjugale ; lorsque la séparation est établie, mais aussi lorsqu'elle est établie depuis parfois plusieurs années et que les conflits perdurent. »

« J'ai pu noter au travers de ma pratique, souligne Jocelyne Dahan, qu'un certain nombre de couples qui s'adressent à nous, en amont de toute procédure, vont, la plupart du temps, pouvoir trouver des accords par eux-mêmes et parfois décident du maintien de la vie conjugale. Je n'ai pas rencontré de couples qui, effectuant une médiation familiale, officialisaient ensuite leur séparation de façon conflictuelle ; au contraire, cette aide permet souvent de modifier un divorce demandé « pour faute » en un divorce consensuel[1]. »

La séparation « à l'essai »

La séparation n'a pas nécessairement besoin d'être définitive. Elle peut constituer un temps salutaire qui permet au couple de « rebondir » et de retrouver des bases saines pour un nouveau départ. C'est la séparation dite « à l'essai ».

Cette démarche ne s'improvise pas. Elle doit être soigneusement discutée et préparée car elle est – disons-le tout de suite – assez périlleuse : elle peut tout autant signifier la fin de la relation que marquer le début d'un renouveau au sein du couple.

Le couple décide alors de différer la rupture définitive et envisage plutôt une séparation transitoire. Cette décision, on le comprend aisément, a besoin d'être « cadrée » si on veut qu'elle aboutisse. Elle passe par le désir et l'engagement mutuel de sauver la relation. Ce doit être une décision bilatérale et non un moyen pour celui/celle qui veut la rupture de parvenir à ses fins de façon détournée. L'objectif est de se donner, l'un l'autre, un espace de « respiration » où chacun va vivre, pour un temps, ce qu'il a besoin de vivre, *tout en veillant à garder une place privilégiée à la relation en cours.*

Le « contrat » doit être longuement et soigneusement discuté en amont. Se donne-t-on la possibilité de relations

---

1. J. Dahan et É. de Schonen, *Se séparer sans se déchirer*, Robert Laffont, 2000.

sexuelles à l'extérieur de la relation ? Où chacun va-t-il vivre ? Qui garde l'appartement ? Que dit-on aux enfants ? et aux amis ? et à la famille ? Comment, concrètement, organise-t-on nos rencontres ? et les vacances ? Combien de temps nous donnons-nous ? au maximum ? au minimum ? Sur quels critères décidera-t-on de revenir ensemble ? Plus on prend le temps de discuter les modalités de la séparation, plus on a de chances d'éviter d'éventuelles « trahisons » sur des points qu'on aurait laissés sous silence.

À la lecture de ce qui précède, on comprend aisément toute la flexibilité, l'intelligence, la patience et le respect d'autrui que suppose cette démarche. Possibilité utopique ? Non. Certains réussissent et se redécouvrent comme des amants d'autrefois. Expérience « dangereuse » ? Certainement, car chacun se rend très vulnérable et soumis à toutes les sollicitations extérieures. Il existe aussi le risque que l'un ou l'autre (ou les deux !) prenne goût à cette situation de célibat et refuse finalement tout retour en arrière...

L'enjeu est de garder un lien très fort tout en se donnant la possibilité de travailler à son développement personnel. En effet, c'est souvent l'oubli de soi, de ses centres d'intérêt et de sa croissance intérieure qui a fait que l'un ou l'autre des partenaires (ou les deux) s'est progressivement retrouvé malheureux dans la relation actuelle. Aujourd'hui, sans détruire ce qu'on a construit ensemble, on fait le pari de prendre soin de soi, tout en gardant au chaud cette relation à laquelle, finalement, on tient beaucoup. C'est aussi accepter de reconnaître que l'autre est « autre » et qu'il a besoin de vivre des choses dans lesquelles, pour l'instant, on n'a pas de place, sans qu'on soit pour autant évincé de son existence.

3.

Troisième étape : au cœur de la tempête

« Je savais intuitivement que l'annonce de mon départ allait déclencher beaucoup d'émotions, se souvient Sébastien, mais je n'imaginais pas que cela prendrait autant d'ampleur. Je pensais que c'était mon épouse qui allait le plus souffrir mais je me suis retrouvé moi-même plongé dans des émotions chaotiques dont la profondeur m'a réellement effrayé ! »

La troisième étape du processus de séparation concerne tout autant la personne qui part que celle qui est quittée. Le décalage initial persiste. En effet, ce n'est qu'au cours de la troisième étape que la personne quittée initie véritablement son deuil de la relation, alors que son partenaire l'a déjà entamé depuis longtemps. Ainsi, contrairement aux deux premières étapes, ce chapitre se focalisera davantage sur le vécu de celui/celle qui est quitté(e), sans pour autant oublier l'autre partenaire, qui poursuit, en parallèle, son propre chemin.

Pendant les semaines qui ont suivi l'annonce de la rupture par son conjoint, on a espéré. On a espéré que quelque chose puisse encore venir infléchir le cours des événements. Qu'on ait décidé de partir ou qu'on se soit vu imposer cette décision, l'incrédulité initiale persiste au fond de soi, alors qu'on se trouve au seuil d'une transformation radicale de son existence.

Mais le temps a passé et, progressivement, douloureusement, on a compris qu'il ne s'agissait pas d'un mauvais rêve.

> « Ainsi, ça n'arrive pas qu'aux autres. Ça n'arrive pas qu'à ces gens qui ne veulent pas faire d'efforts pour sauver leur relation. Autrefois, quand tout allait bien, je les regardais avec une incompréhension malveillante, il m'arrivait même de les condamner. Aujourd'hui, ça m'arrive à moi aussi et c'est dur à accepter... »

Alors que la séparation est effective désormais, qu'il n'est plus possible de nier sa réalité, on reçoit dans toute sa violence sa signification profonde. Elle se distille comme une sourde douleur qui envahit les moindres recoins de son esprit. C'est une tonalité de souffrance au quotidien qu'on n'avait jamais connue auparavant. Elle fait peur et ce, d'autant plus qu'elle nous surprend en des lieux intérieurs qu'on pensait protégés jusque-là. C'est comme l'humidité glacée d'une maison abandonnée en plein hiver, dans laquelle le froid s'infiltre inexorablement...

C'est le temps du tumulte des émotions. C'est le temps de la douleur et de la confusion, durant lequel il nous faut pourtant « tenir ». « Tenir » parce qu'on doit se battre contre l'avocat de son conjoint. Parce qu'on doit préserver les enfants. Parce qu'il faut impérativement trouver un travail pour gagner de l'argent, libérer du temps pour chercher un appartement, une crèche, une assistance sociale. Tenir parce que, tout simplement, on n'a pas le choix...

Le problème, c'est qu'on est tellement traumatisé par ce qui vient de se passer qu'on n'est pas à 100 % disponible dans sa tête pour faire face, de façon rationnelle, à tout ce qu'il y a à faire. On se trouve emporté dans un tourbillon émotionnel qui semble avoir une existence propre et sur lequel on a l'impression de n'avoir aucun impact. Même se concentrer sur les tâches les plus triviales demande un effort ! On oublie tout. On n'arrive pas à faire partir cette boule d'angoisse qui serre l'estomac tout au long de la journée, et les nuits sont assaillies par un flot de pensées chaotiques qui nous privent de sommeil et nous contraignent à un réveil précoce dès 4 heures du matin.

Ce qui est véritablement effrayant, c'est cet état de profonde instabilité intérieure qu'on ne parvient pas à juguler : on est capable de changer d'humeur d'un jour à l'autre, d'une heure à l'autre, comme frappé sans relâche par des vagues successives de sentiments et d'émotions conflictuels et contradictoires. Avec le temps qui passe, on sent bien que, peu à peu, un épuisement physique et psychologique s'installe en soi, mais on ne sait pas quoi faire pour y remédier… On comprend très vite que cette période qui suit immédiatement la séparation va être un temps de survie.

L'objectif des prochains mois devient alors extrêmement simple : il faut tenir le coup, jour après jour, un jour à la fois – ce sera déjà bien…

Il est capital de souligner la normalité de ce qu'on est en train de vivre. Cela fait partie du processus de deuil de la relation. Certes, savoir que ce que l'on vit aujourd'hui s'inscrit dans une logique psychologique bien définie ne permet pas d'éviter la souffrance, loin de là ! Mais le fait de situer cette souffrance dans un processus évolutif ouvre l'espace mental dans lequel on a parfois l'impression d'être enfermé. Cela apporte un cadre, ainsi qu'une relative prédictibilité qui aide à donner du sens. La connaissance du processus porte la promesse que cet enfer ne durera pas indéfiniment.

Le deuil de la relation, c'est comme la cicatrisation d'une plaie après un traumatisme : la plaie a besoin de temps pour se réparer et parvenir à la guérison. Ce temps de soins est incompressible et doit être impérativement respecté. Le vécu de la séparation, durant la troisième étape, est donc le reflet du processus naturel de « réparation psychique » : il comporte des étapes qui se succèdent les unes aux autres, certaines étant plus difficiles à vivre que d'autres. Toute personne qui se trouve confrontée à une séparation majeure traverse ces étapes, mais il faut savoir qu'on ne reste pas dans ce marasme, aussi puissante que puisse être la conviction qu'on n'en émergera jamais !

Le tumulte des émotions

On est moins démuni si on parvient à identifier contre quoi on doit se battre.

Les ennemis, en l'occurrence, ce sont ces émotions qui se bousculent en nous sans qu'on puisse en avoir la maîtrise. Il est utile de les examiner en détail. Cela ne permet pas de les faire disparaître, mais ça aide à prendre de la distance par rapport à elles. Grâce à ce recul relatif, on peut mieux s'y confronter. De plus, l'émotion a besoin d'être validée, explorée et exprimée pour faciliter son intégration psychique et accompagner le processus de cicatrisation. En effet, il est illusoire de croire qu'on puisse totalement nier ou ignorer une émotion ou un sentiment ; ce n'est pas une manière efficace de les gérer. L'émotion surgit en nous et elle demande à être prise en compte ; elle a peut-être des choses importantes à nous dire sur nous-mêmes et sur là où nous en sommes. C'est justement parce qu'on en tient compte et qu'on lui donne, sous certaines conditions, sa juste place qu'on en comprend le sens et qu'on parvient à l'apaiser et à en réduire l'impact.

La peur

« La rupture a fait voler en éclats ce qui, jusqu'alors, constituait une des fondations de ma vie d'adulte, explique Manon. Je croyais pouvoir m'appuyer avec confiance sur quelque chose de stable et de rassurant et, soudain, tout s'est écroulé ! Je me suis retrouvée complètement seule et vulnérable. C'était effrayant ! »

La peur est le résultat de la perte du sentiment de sécurité. Le processus de séparation crée, par lui-même, de la peur ; on en ignore tout, on ne sait pas de quoi il est fait, ni comment y faire face. On a l'impression de subir, démuni, impuissant, l'assaut des émotions, en s'inquiétant de leur intensité et de leur persistance au fil du temps. À cela s'ajoute la panique de ne pas savoir à quelle porte frapper pour se faire aider correctement. Quel avocat contacter ? Quels arrangements financiers doit-on conclure ? Faut-il consulter un psy ou entreprendre une médiation familiale ? À quel établissement de crédit s'adresser ? à quelle agence immobilière ? On redoute le processus juridique car on n'a jamais eu l'occasion de parler à des hommes de loi ; leur jargon technique paraît hermétique, on ne sait pas comment se défendre, ni comment se protéger sur ce terrain inconnu. L'avenir semble également fait de menaces…

« Comment vais-je m'en sortir, je n'ai aucune qualification professionnelle… »

« La pension alimentaire qu'elle demande me semble trop élevée pour que je puisse vivre décemment… »

« Comment vais-je pouvoir élever seule mes trois enfants tout en travaillant ? Où vais-je trouver le temps et l'énergie pour mener tout de front ? »
« Si je tombe malade, qui va s'occuper de moi ? »

La peur a le pouvoir d'inhiber la pensée. Elle nous pousse à reculer face à des circonstances auxquelles il est pourtant dans notre intérêt de nous confronter. Par exemple, on a tellement peur du monde juridique qu'on ne s'informe pas au sujet de ses droits ; on se prive ainsi d'informations essentielles pour son avenir. La peur sidère les capacités de jugement et peut rendre incapable de prendre sereinement des décisions importantes. Elle conduit à rechercher des solutions immédiates, celles qui pourront apporter au plus vite un réconfort (quel qu'il soit, même le plus éphémère). À court terme, c'est peut-être efficace, mais rien ne dit qu'à long terme, les options qu'on aura prises continueront à être pertinentes. Au pis, elles peuvent s'avérer en totale opposition par rapport aux objectifs initiaux. Certains, enfin, ont tellement peur de se tromper qu'ils ne font rien et attendent que les circonstances décident pour eux. C'est une position risquée où on ne se donne pas la possibilité d'avoir le contrôle de son histoire.

Aucune décision ne devrait être prise sous l'emprise de la peur, c'est la plus mauvaise conseillère. Néanmoins, on n'a parfois pas le choix : les circonstances sont telles qu'on *doit* prendre une décision dans tel ou tel domaine. Il est alors très utile de trouver des personnes de confiance auprès desquelles recueillir des conseils. Le bouche-à-oreille et l'expérience des amis ou des proches qui ont vécu la même expérience sont très utiles pour repérer les aides fiables à solliciter. Les associations constituent aussi une aide précieuse. Il faut savoir que les informations dont on a besoin ne viendront jamais spontanément à soi. Il est indispensable d'aller les chercher activement, c'est du ressort de notre responsabilité. Rester seul à mariner dans la peur ne nous permet pas d'avancer. Ces personnes (parents, amis, psy, conseiller financier, médiateur...) peuvent aider à identifier les véritables besoins et les solutions à envisager. Elles permettent aussi de mettre des mots sur la peur. Nommer explicitement ce qui fait peur est un bon moyen de se dégager d'une partie de son emprise.

La colère

On compare souvent la dynamique de la séparation au travail de deuil qui s'initie après le décès d'un proche. Dans les deux cas, en effet, il s'agit d'un processus de deuil de la relation ; mais il existe des différences importantes.

Après le décès d'un être cher, si la colère peut être présente, elle est rarement dirigée contre la personne décédée ; les cibles privilégiées sont les médecins, l'entourage ou les circonstances extérieures. Après le décès, il y a également la certitude que cette personne qu'on a aimée ne reviendra pas et que rien ni personne n'a le pouvoir de changer cet état de fait.

Dans la séparation, le partenaire qui a pris la décision de partir continue à vivre à l'extérieur de la relation : il va exister « ailleurs », rire, voyager, aimer, en donnant à autrui ce qu'on croyait être à soi seul... De plus, si on a été quitté(e), on refuse longtemps d'accepter que la séparation soit inéluctable, profondément frustré(e) que la décision soit entre les mains de ce partenaire. On se dit d'ailleurs que s'il faisait (ou avait fait) suffisamment d'efforts, tout serait encore possible aujourd'hui. Ainsi, si la culpabilité et le regret sont des sentiments très fréquents dans le deuil, après le décès d'un proche, la colère, l'amertume et le ressentiment sont monnaie courante dans le processus de séparation.

Il n'est pas nécessaire d'aller chercher très loin pour trouver les fondements de la colère[1]. Le simple fait d'éprouver du rejet ou de l'abandon suffit à la faire émerger. On se sent trahi émotionnellement, lésé financièrement, incompris. On a l'impression que l'autre a conspiré dans notre dos et que tout était déjà décidé, sans qu'on ait eu le moindre mot à dire. Les rêves et les projets s'effondrent, ne laissant à leur place que peur, doute et incertitude. On fait soudain l'expérience de la désillusion, de la perte, de l'humiliation, de la honte et de l'impuissance. Autant de raisons de voir apparaître la colère.

La colère peut être tellement intense et persistante au fil des semaines qu'elle finit par s'alimenter toute seule. Insidieusement, elle imprègne le cours des pensées, ronge le temps de sommeil, s'insinue dans les rêves et parasite le quotidien. Tout semble la nourrir, la justifier, et une dynamique épuisante s'initie en soi, qui, pour beaucoup, constitue un des axes majeurs de la souffrance liée à la séparation.

Les fonctions de la colère

La colère peut être en partie comprise comme une tentative pour se protéger psychiquement contre l'agression de la rupture. Certes, cette protection a un coût, mais elle peut s'avérer efficace si elle est transitoire et si elle permet finalement de progresser dans le processus de deuil de la relation ; par exemple, elle aide au « désamour » : il peut être plus facile de se détacher de quelqu'un envers qui on éprouve un profond

1. Afin d'éviter certaines lourdeurs dans le texte, le mot « colère » est utilisé dans ce chapitre comme un terme générique qui recouvre la gamme des ressentis associés au sentiment de colère : haine, irritation, amertume, rancœur, ressentiment, etc., même si chacun de ces mots renvoie, bien évidemment, à une définition spécifique.

ressentiment. La colère est indissociable du processus, mais elle peut entraver son déroulement si on s'y enlise.

Le sentiment d'intégrité est violemment menacé par la séparation. Il devient alors urgent de réagir. La colère est une tentative d'ajustement intérieur face au traumatisme de la rupture. Elle donne une réactivité face aux événements et vise à préserver de ce qu'on perçoit comme un anéantissement. La colère est donc une façon de se protéger, contre le sentiment d'abandon, contre la violence qui menace l'estime de soi, contre la souffrance. La colère jette un voile sur cette souffrance, elle tente de la neutraliser et aide à tenir le coup grâce à l'énergie qu'elle mobilise.

La colère qui est issue d'une blessure d'amour-propre, d'un sentiment d'abandon ou d'une atteinte ancienne de l'estime de soi risque malheureusement de se pérenniser au fil du temps – voire de perdurer pendant de longues années : on en veut à son conjoint d'avoir activé (ou réactivé) une zone intérieure aussi douloureuse. On veut lui faire payer le mal infligé et tout devient prétexte à lui empoisonner la vie, même des années après la séparation effective.

> « Cela fait trois ans que j'ai quitté mon mari et il n'a toujours pas accepté ma décision. Il le vit comme une agression à son intégrité d'homme et de père, alors que je l'ai quitté car il avait des aventures à répétition avec de nombreuses femmes ! Depuis, il ne manque aucune occasion pour me le faire payer. Il me l'a d'ailleurs dit explicitement un jour : "Je vais te faire payer le mal que tu m'as fait !" Il ne cesse de me harceler pour mille et un détails : la garde des enfants, la répartition des frais de scolarité, l'organisation des vacances, etc. Tout est systématiquement remis en question. C'est épuisant. Je ne demande qu'une chose : qu'il me laisse enfin en paix ! »

Dans certains cas enfin, une des fonctions de la colère est de mettre à distance une dépression sous-jacente. On observe souvent, en effet, l'émergence d'une dépression (ou, *a minima*, d'une profonde tristesse) quand la colère s'estompe. Ainsi, pour certains, la colère est une façon de ne pas basculer dans la déprime. Ce fonctionnement psychique est sûrement utile pendant un certain temps, mais comme la dépression est une étape incontournable du processus de séparation, il est vain de penser qu'on pourra indéfiniment la remplacer par la colère. Tôt ou tard, il sera nécessaire (et sain psychiquement) de donner sa juste place au vécu dépressif. Nous y reviendrons.

Enfin, la colère est aussi une manière de préserver inconsciemment le lien avec son/sa partenaire. En effet, si l'amour crée le lien avec la personne aimée, la haine, qui est son pendant en négatif, nous maintient étroitement en contact avec ce partenaire qui nous abandonne. Ainsi, pour certains, « lâcher la colère » reviendrait à renoncer au lien de haine/amour qui fait perdurer l'attachement. Angoissés à l'idée de se retrouver seuls, déconnectés de leur partenaire, certains préfèrent s'accrocher à leur colère, incapables de s'en séparer.

Les conséquences de la colère

On est parfois effrayé par l'intensité de sa propre colère. On ne se savait pas capable de ressentir quelque chose d'aussi violent et la découverte de cet aspect de soi-même est une expérience inconfortable. La colère nous conduit au pire de nous-mêmes dans les actes, les paroles ou les pensées qu'elle engendre. Elle induit des attitudes qui sont en profond décalage par rapport à la personne qu'on est habituellement. Elle peut rendre sourd, aveugle et borné l'être le plus intelligent. Poussé à bout, on réagit avec violence, alors qu'on est d'ordinaire calme et pondéré. On tient à chaud des propos dont la portée nous effraie avec le recul. On est capable des pires forfaits, des actes les plus sournois ou des pensées les plus cruelles par pur esprit de vengeance ou par seul désir de blesser son partenaire. On vide les comptes en banque pour le déposséder de tout, on se surprend à détruire consciemment, et avec une joie malsaine, les objets auxquels on sait qu'elle tient, on s'entend calomnier son conjoint auprès des enfants pour délibérément les dresser contre leur père, on se voit adopter des positions inflexibles vis-à-vis des enfants, de la maison ou des finances, uniquement pour jouir du spectacle de la détresse et de l'impuissance de son conjoint, on le harcèle au téléphone et on cherche tous les moyens de lui faire du tort... La violence appelant la violence, on se ligote soi-même dans une escalade de ripostes stériles qui finalement épuisent et laissent en soi toujours plus de rancœur et d'amertume. La colère, par elle-même, peut alors devenir un véritable stress qui s'auto-entretient sans qu'on ne sache plus comment s'en départir. De tels comportements ne restent pas sans conséquence, à court, moyen ou long terme.

Une partie de la colère provient aussi du sentiment de s'être « fait avoir ». À tort ou à raison, on s'estime trahi(e). Quand on procède à la relecture des années passées et de toute l'énergie qu'on y a investie, on éprouve une grande amertume, l'impression d'un gigantesque gâchis, au regard de ce qui se passe aujourd'hui, alors que tout s'écroule.

« Tout ce temps, tous ces efforts pour rien ?! Ça n'est pas possible ! Je ne lui ai pas donné les meilleures années de ma vie pour être maintenant jetée au rebut ! J'ai élevé ses enfants et j'ai sacrifié ma carrière professionnelle pour promouvoir la sienne et maintenant, à cinquante ans, il veut m'abandonner ? »

Profondément meurtri, consumé de ressentiment, on réclame justice, on exige réparation pour ce qu'on considère être un grave préjudice. Le risque, alors, est le cercle vicieux d'attaques et de contre-attaques incessantes. Tous les cas de figure sont possibles. L'enjeu est de ne pas s'enfermer dans un statut de victime et de se donner les moyens d'aller au-delà.

La colère traduit aussi un sentiment d'impatience. On voudrait en finir au plus vite et on s'énerve de la lenteur des démarches à accomplir. Mais le processus de séparation, tant au niveau émotionnel qu'au niveau légal, prend du temps, beaucoup de temps, et il est illusoire d'attendre des solutions rapides, même si on fait correctement tout ce qu'il y a à faire. Il faut beaucoup de patience.

Enfin, la colère risque de faire tache d'huile sur l'entourage. Sans s'en rendre compte, on projette sa frustration ou son irritabilité sur ses amis, ses collègues, sa famille ou ses enfants. Il est urgent d'en prendre conscience et de rectifier le tir au plus vite. Ils sont certainement compréhensifs (au début), car ils mesurent tout le stress de la situation où on se trouve, mais tout de même. À rester dans un déplacement inconscient de sa colère sur autrui, on risque d'user la bonne volonté de l'entourage et de se couper des personnes dont on a justement besoin en ces temps difficiles.

Dans un même ordre d'idée, on peut en vouloir à tous ces gens qui nous entourent et qui sont heureux dans leur couple : leur bonheur est ressenti comme une véritable agression. Ça nous fait mal, car cela nous met en face de ce qu'on estime ne pas avoir été capable de construire soi-même. On réagit alors envers eux avec une irritabilité à peine dissimulée.

Les débordements de la colère

Un acte de violence de la part du conjoint ou un geste empreint d'agressivité peut devenir le point de focalisation du partenaire qui en est la victime. Ainsi, hormis dans les cas de violence conjugale avérée, il est fréquent qu'une certaine violence fasse soudain irruption dans une situation ponctuelle, sous l'emprise d'une émotion exacerbée.

Dans la majorité des cas, il s'agit d'un épisode sans aucun précédent dans le couple. Néanmoins, l'impact de ce geste malheureux peut être redoutable pour celui qui en est à l'origine (il s'agit de l'homme le plus souvent). En effet, il est possible que cet événement violent prenne une valeur symbolique démesurée aux yeux de la femme qui en est la victime. Folle de rage, elle peut l'utiliser pour diaboliser et discréditer son conjoint aux yeux d'autrui (avec d'éventuelles conséquences juridiques…). Elle redéfinit radicalement la vision qu'elle a de son partenaire et fait de lui un véritable monstre, un être dangereux dont elle doit se protéger et qui peut faire du mal aux enfants. Elle arrive même à se convaincre que son mari a finalement montré sa véritable nature : « Ah, le voilà donc sous son vrai jour, ce salaud ! Il a bien caché son jeu depuis toutes ces années. Sa violence de fond a pris le dessus et ça me donne toutes les raisons de vouloir le détruire ! » La haine conduisant à la haine, on s'enferme progressivement dans un cycle infernal d'hostilité et de vengeance, et prendre sa revanche devient le moteur d'une dynamique stérile et très destructrice psychiquement pour l'ensemble de la famille.

Rien ne justifie la violence physique, mais tous les paramètres de la situation doivent être pris en compte pour en avoir une vision juste et tenter de comprendre ce qui s'est passé. On peut ne pas pardonner la violence et il ne s'agit pas, bien sûr, de tout encaisser et de ne rien dire. Mais l'important est de ne pas se laisser aveugler par la haine et de ne pas se laisser aller à des actes aux graves conséquences pour l'avenir. Jusqu'où doit aller le refus du pardon d'un moment d'égarement ? Faire d'un geste malheureux de son partenaire son cheval de bataille (alors que ce dernier peut être sincèrement horrifié et malheureux d'avoir agi ainsi), et refuser de « lâcher le morceau » tant qu'il n'aura pas genou à terre, jette les bases de beaucoup de souffrance à venir. La vengeance n'apportant *jamais* le moindre apaisement, on risque de faire le choix de créer son propre malheur, en distillant en soi un poison qui n'aura pour résultat, à terme, que de s'empoisonner soi-même.

Le débordement le plus impardonnable de la colère est l'utilisation des enfants, dans un but de vengeance ou de représailles vis-à-vis de son conjoint. Rien ne peut justifier un tel comportement car il réduit l'enfant à un statut de simple objet qu'on peut impunément manipuler et exploiter, sans son consentement, à des fins personnelles. On agit dans le déni complet du ressenti de l'enfant et cela peut avoir sur lui des conséquences psychiques préoccupantes. Une telle attitude est à proscrire impérativement.

Les situations de conflit maximal

Certaines personnes ne sont pas armées psychiquement pour faire face, sans dégâts majeurs, à la dynamique de séparation. Celle-ci vient stimuler ou agresser des zones intérieures extrêmement fragiles préexistant à la séparation et, très souvent, reliées à des traumatismes de l'enfance. En effet – mais sans en faire une règle générale –, on retrouve ce profil psychologique chez une personne qui a connu, dans son histoire passée, des pertes, des ruptures ou des séparations douloureuses. Elle porte en elle des plaies béantes qui se trouvent violemment réactivées par la rupture actuelle et elle éprouve une réelle incapacité à amortir intérieurement le vécu émotionnel de la séparation. Elle ne parvient pas à relativiser ou moduler l'impact des sentiments de rejet, d'échec et d'abandon que celle-ci crée. Ce ressenti génère un tel désarroi psychique que l'équilibre même de cette personne s'en trouve menacé : l'intégration graduelle et progressive du processus ne peut pas se mettre en place car la rupture est vécue comme une insurmontable agression. L'abandon représente un tel danger pour elle qu'elle est contrainte à nier tout sentiment d'attachement, de tendresse ou d'affection envers son partenaire. Elle y parvient notamment en transformant cet attachement en une haine farouche qui a pour fonction (inconsciente) d'évacuer tout ressenti d'amour.

Cette fragilité fondamentale est à l'origine de ce qu'on pourrait appeler les séparations « à haut risque » – haut risque de déstructuration pour la personne quittée et haut risque d'intensité des conflits qui en découlent.

Si les deux partenaires fonctionnent sur ce même registre, la situation devient explosive. L'un et l'autre ont un besoin vital de préserver leur estime d'eux-mêmes, même si cela doit passer par le déni complet de l'autre. Ses qualités et tous les aspects positifs de sa personnalité sont totalement évacués du champ de conscience. Le partenaire, source de tant de souffrance, doit payer pour le mal qu'il fait : il devient la bête à abattre.

Dans cette situation d'intense tension émotionnelle, les partenaires adoptent des systèmes de protection très rigides qui les conduisent à des perceptions sans nuance, sur le mode « tout blanc, tout noir ». La capacité à prendre du recul est alors considérablement réduite : « Mon/ma partenaire est responsable de tout mon malheur ; moi, je n'y suis pour rien. Tout est de sa faute. » Positionnés en tant que victimes, les deux partenaires ont la conviction d'avoir raison et d'être dans leur bon droit (ce qui peut, à leurs yeux, justifier n'importe quel comportement). La rigidité de ces défenses psychiques révèle la fragilité de ces personnes : elles s'accrochent désespérément à leur vision des choses et redoutent de les voir s'infléchir, ce qui les exposerait, à nouveau, à l'intensité de leur souffrance.

Dès lors, tout est bon pour rabaisser et dévaloriser l'autre. En effet, si on parvient à la voir comme inférieure et indigne de l'amour qu'on lui a porté, il est plus tolérable psychiquement d'être quitté par cette personne. Ce n'est pas une si grande perte. On ressent moins la douleur de la rupture car on se construit l'image d'un partenaire méprisable. Ainsi, on n'a pas à souffrir d'être abandonné par « quelqu'un de bien » (si tel était le cas, ce serait grave pour soi, car cela signifierait qu'on est effectivement moins que rien, nul ou incapable d'être aimé). Si le partenaire qui nous quitte est perçu comme un « pauvre type » ou une « pauvre fille », on n'a que faire de son rejet ; l'estime de soi est préservée et on arrive à sortir de la bataille la tête haute.

Les deux partenaires (ou seulement l'un d'entre eux) ont besoin d'alliés pour conforter leur position. Ils mettent fortement la pression sur leur entourage et sur les professionnels auxquels ils s'adressent (famille, amis, médecins, avocats, psy, services sociaux...) pour rallier le plus de monde possible à leur cause. Ils peuvent être tellement convaincants dans leur discours de personnes injustement spoliées et victimes d'un partenaire monstrueux qu'ils parviennent souvent à gagner le soutien d'autrui. Ils mettent leur entourage au pied du mur (surtout ceux qui tentent de pondérer les choses et de relativiser la radicalité de leur position) par le biais de menaces plus ou moins bien déguisées : « Tu es avec moi ou contre moi ! Choisis ! » C'est sans appel, c'est sans nuance et, impressionnées ou effrayées, craignant d'être violemment remises en cause dans la sincérité de leur amitié ou dans la pertinence de leurs compétences professionnelles (« Comment oses-tu insinuer que je mens ? » « Tu es aussi lâche, insensible, traître que lui/elle ! » « Monsieur, si vous pensez qu'il puisse avoir raison, vous êtes totalement incompétent ! »), les personnes sollicitées cèdent et ravalent leurs objections. Pour éviter les foudres de leur interlocuteur/trice, elles se rallient à sa version déformée de la situation et se laissent entraîner dans le conflit.

Il est clair que certains de ces comportements, quand ils sont poussés à l'extrême, frisent le délire paranoïaque et sont alors du ressort d'une prise en charge psychiatrique (ce qui dépasse le cadre de cet ouvrage).

Apprendre à gérer la colère

La colère (la sienne propre ou celle de son partenaire) n'a pas besoin d'être subie passivement et avec résignation. Puisqu'elle est toujours présente dans le processus de séparation, autant essayer d'en faire quelque chose !

Apprendre à apprivoiser la colère et la rancœur est la clef d'une séparation qui ne se passe pas trop mal. Cela vient d'abord d'une décision qu'on prend vis-à-vis de soi-même (aussi difficile soit-elle à tenir sur la durée), décision à entretenir sans cesse, de ne pas laisser la colère prendre le contrôle de sa vie. Ce n'est pas aisé, car la colère a une force psychique considérable, capable de nous propulser à l'extérieur de nous-mêmes ! Elle implique donc un réel effort et une vigilance de chaque instant pour garder le cap.

Cet effort est souvent insurmontable si on le tente seul(e). On a tout à gagner à se faire aider par des personnes en lesquelles on a confiance, dont on connaît les qualités d'écoute et dont on respecte le jugement. Elles doivent être suffisamment neutres pour pouvoir jeter un regard lucide sur la situation et nous aider ainsi à relativiser les choses. Il se peut qu'elles nous énervent, lorsqu'elles donnent raison à l'autre ou n'abondent pas dans notre sens. C'est bon signe ! Cela veut dire qu'elles font vraiment preuve de l'impartialité qui nous manque aujourd'hui !

Reconnaître la colère

On ne peut pas remédier à quelque chose dont on n'a pas conscience. Aussi faut-il d'abord identifier la colère et ses manifestations au moment où elles apparaissent. Il est important de se reconnaître en colère, et c'est précisément là qu'intervient la vigilance : il faut être conscient de ce qui se passe en soi, afin d'adopter l'attitude qui semble la plus adaptée en fonction des circonstances. Par exemple, si lors d'un échange un peu « chaud » avec son/sa partenaire, on prend conscience qu'on est de plus en plus en colère, il peut être sage – si cela est possible – d'interrompre cet échange, en disant qu'on se sent trop en colère pour mener une discussion constructive. On propose alors de continuer plus tard cet entretien. Si l'autre personne insiste pour le poursuivre, il faut être clair sur le fait qu'il nous est impossible d'élaborer quelque chose d'utile et de raisonnable avec tant de colère en soi.

L'important est de ne pas nier la colère. Elle est naturelle dans le processus de séparation. Et souvent légitime. Par ailleurs, on n'est pas quelqu'un de « mauvais » si on éprouve de la colère. Il ne faut pas non plus en avoir peur : la colère n'est potentiellement dangereuse que dans ses débordements et, si elle déborde, c'est bien souvent parce qu'on n'a pas su trouver les moyens de la canaliser.

Mais parfois, on ne la reconnaît pas ! Les raisons sont multiples : on se l'interdit car on est conditionné par son éducation ou par la société, qui réprouve l'expression de certaines émotions ; on la nie, on la ravale, car on trouve « normal » d'être maltraité par son/sa partenaire (on espère aussi qu'il/elle va revenir, si on ne se met pas en colère et si on fait le dos rond en « encaissant » tout). Quelles qu'en soient les raisons, bloquer en soi la colère et ne pas la reconnaître pour ce qu'elle est peut-être néfaste à long terme. Il est avéré que la colère réprimée mène à la dépression (la colère se retournant finalement contre soi). Il est donc indispensable de la mettre au jour et de lui donner les moyens de s'exprimer.

Exprimer la colère de façon appropriée

Cela consiste essentiellement à la mettre en mots. Parler de ce qui met en colère aide à endiguer son flot désordonné. On a le droit de dire qu'on est furieux, frustré, haineux et, pour cela, on a besoin d'avoir auprès de soi des gens qui acceptent d'entendre de tels propos, sans s'en effrayer et – surtout ! – sans chercher à les calmer coûte que coûte ! Ce point est essentiel : il est « sain » de dire sa colère, sans craindre d'être jugé ; c'est une énergie puissante qu'il faut accueillir avec autant de respect et de compréhension que la tristesse ou la culpabilité. Les interlocuteurs les plus utiles sont ceux qui n'ont pas peur de la colère et qui savent être patients, même quand on leur répète, pour la énième fois, les mêmes griefs contre notre conjoint ou contre le système juridique ! Absence de jugement et neutralité sont les qualités à rechercher chez ces personnes. Il faut fuir celles qui mettent de l'huile sur le feu, simplement pour le plaisir malsain de « casser » l'autre.

Il est essentiel de bien faire la différence entre colère et agressivité, cette dernière étant la mise en acte du sentiment de colère. Trouver le juste équilibre est difficile, car il faut à la fois éviter d'étouffer sa colère et ne pas l'exprimer à l'extérieur de façon agressive.

Exprimer la colère ne signifie pas qu'on s'autorise à donner libre cours à tout ce qu'on ressent, sans retenue ni égard pour autrui. La colère à laquelle on n'oppose aucune limite est destructrice et peut mettre en danger la personne même qui l'exprime. Il y a des gestes ou des paroles malheureuses dictées par la haine qu'on peut amèrement regretter : accusations infondées d'abus sexuels sur sa petite fille par exemple, qui risquent d'entraîner des poursuites contre le conjoint ; machinations visant à détruire la crédibilité professionnelle de son partenaire ; efforts acharnés pour provoquer une faillite économique irréversible ; poursuites en justice qui, au fil des années, deviennent un gouffre financier, etc.

Une autre limite est à respecter : l'expression non contrôlée de la colère devant les enfants. L'enfant ne sait pas faire la part des choses ; il va recevoir la violence de plein fouet. C'est trop déstabilisant pour lui, surtout s'il est très jeune : il ne comprendra pas ce qui se passe et sera terrorisé. On doit rechercher la compagnie d'adultes capables de recevoir et de comprendre cette colère sans se sentir directement impliqués, et tout en tenant les enfants à l'écart.

Si on sent qu'on perd toute objectivité, si on constate qu'on réagit excessivement au moindre événement, en perdant toute capacité à prendre du recul, ou si on se fige dans un état de détresse impuissante ou de rage silencieuse, il est alors vraiment utile de se faire aider par un professionnel. La cristallisation de la colère peut en effet conduire à s'enfermer dans un statut de victime subissant passivement les événements. On risque de ressasser, année après année, une litanie de reproches contre son partenaire, sans parvenir à s'en détacher émotionnellement. Cette disposition d'esprit englue dans le passé et constitue un obstacle majeur à l'avancée du processus de séparation

Explorer les fondements de la colère

Lorsque la colère s'inscrit dans la durée, cela peut être un signal d'appel qui invite à regarder la souffrance qu'elle masque.

Reconnaître la souffrance qui résulte de tous les deuils induits par la séparation et la mettre en mots aide à réduire la force de la colère qui se nourrit de cette souffrance. De fait, cela implique de se confronter à ses pertes, à ses désillusions, à ses échecs. Là encore, il faut « lâcher prise ». Rester accroché à quelque chose qui n'est plus ne fait que créer davantage de souffrance encore, et donc de ressentiment. Si on parvient à renoncer à cette fixation viscérale au passé, on verra la colère s'atténuer d'elle-même.

Cette démarche de validation de sa propre souffrance aide à appréhender celle de l'autre partenaire. Si on prend le risque de l'interroger et de nommer explicitement sa souffrance, au-delà des manifestations de colère, en signifiant qu'on la reconnaît et qu'on y est sensible, on ouvre un espace de parole où chacun est reconnu dans ce qu'il vit intérieurement. De là peut renaître le dialogue. On fait le choix de *vraiment* écouter l'autre. Qu'est-ce que cette personne me dit, finalement ? Qu'est-ce que je comprends de sa colère ? D'où vient-elle ? On n'a pas besoin d'être d'accord avec ce que cette personne dit, on tente simplement de comprendre là où elle en est, pourquoi elle s'exprime de cette manière. On essaie de comprendre ce qui se cache derrière cette colère : la peur ? la culpabilité ? l'orgueil blessé ? le besoin de sauver la face ? Si le conjoint réalise qu'on est dans cette disposition d'esprit d'accueil et d'écoute et qu'on cherche sincèrement à comprendre ce qu'il dit et ce qu'il ressent, sans chercher systématiquement à argumenter, ni à minimiser ce qui est exprimé, il est possible que cela ait un impact sur lui/elle. Le résultat ne sera peut-être pas immédiat, mais on a fait néanmoins passer un message d'ouverture : le fruit en sera certainement recueilli plus tard.

La colère est aussi l'expression de la peur : si on accule un animal dans un coin, en le menaçant, il est terrifié, il n'a plus d'issue pour s'échapper et il ne peut que réagir avec violence pour se protéger. L'être humain fonctionne d'une manière similaire : quand il a peur et qu'il est dos au mur, il se bat pour préserver son espace de sécurité. La rupture suscitant de nombreuses peurs, il ne faut pas s'étonner de voir surgir l'agressivité. Identifier les peurs qui envahissent l'esprit (les siennes propres et celles de son/sa partenaire) est donc un moyen efficace pour mieux comprendre et mieux appréhender la colère. Cette exploration permet de travailler activement à réduire les peurs de l'un et de l'autre. On a ainsi une incidence directe sur la colère et cela donne accès à la résolution de certains conflits.

On mène parfois de vains combats uniquement par orgueil ou sous le joug d'un amour-propre qu'on estime bafoué. Même si on pense être dans son bon droit, on ne fait qu'ajouter à la confusion. Si on prend le temps de s'arrêter et de considérer calmement la situation, que recherche-t-on finalement ? N'est-ce pas retrouver un équilibre et avancer ? Ou préfère-t-on continuer à s'empoisonner soi-même par sa propre colère ?

Renoncer à imposer son point de vue, ou à avoir raison coûte que coûte, est parfois le prix à payer pour se donner un peu de paix intérieure. Cela ne veut pas dire qu'on doive se taire et tout accepter passivement. Bien sûr que non ! Il y a évidemment des terrains sur lesquels il ne faut rien céder. Mais il est essentiel de toujours essayer de prendre de la distance par rapport aux événements (cela ne veut pas dire qu'on y parviendra chaque fois, c'est impossible ; mais c'est l'attitude d'esprit qui compte). On doit bien comprendre que les choses changent ; elles évoluent inexorablement et ce qui semble inextricable aujourd'hui pourra paraître dérisoire demain. En enracinant en soi le constat de l'« impermanence » de ce sentiment, on trouvera peut-être la force de différer la colère ou, du moins, de ne pas s'y enfermer. On choisira de respirer profondément, en créant de l'espace en soi, conscient de l'éphémère de l'instant, de la souffrance et de la colère, en laissant l'autre être ce qu'il est, même si cela nous exaspère au plus haut point !

Trouver l'attitude juste

Quand on doit gérer un conflit avec son conjoint, il est important d'être conscient de l'attitude d'esprit dans laquelle on est. En management d'entreprise, lorsque deux personnes sont en transaction, on identifie quatre attitudes mentales :

- L'état d'esprit « gagnant-gagnant » – On tente de faire valoir son point de vue et de tirer des bénéfices de la négociation (gagnant), tout en restant attentif aux besoins et aux impératifs de l'autre personne. On s'efforce de lui permettre également de faire valoir son point de vue et de tirer, pour elle-même, des bénéfices de la transaction (gagnant).
- L'état d'esprit « gagnant-perdant » – On fait tout pour tirer le plus de bénéfices pour soi-même (gagnant), au détriment de l'autre personne (perdant).
- L'état d'esprit « perdant-gagnant » – Beaucoup plus rare, cette attitude consiste à faire gagner l'autre personne (gagnant) au prix de sa propre « défaite » (perdant) : « Pour que tu gagnes, il faut que je perde. Alors, je décide de perdre. »
- L'état d'esprit « perdant-perdant » – Soit on part d'emblée perdant (ou on comprend qu'on ne va pas pouvoir gagner) et on met tout en œuvre pour que l'autre ne gagne pas non plus, soit on préfère perdre, si cela a pour résultat de faire également perdre l'autre.

Ces différentes attitudes peuvent s'appliquer aux interactions des partenaires lors du processus de séparation. Dans une telle situation, il est clair que l'attitude « gagnant-gagnant » est de loin la plus constructive, mais c'est aussi la plus difficile à adopter ! Elle se met en place par le biais de mille petits détails. Elle laisse à l'autre la possibilité de ne pas perdre la face, elle vise à le préserver de toute humiliation gratuite et de toute situation de frustration et d'impuissance. Elle consiste à ne pas appuyer volontairement sur les points sensibles de son/sa partenaire, là où on sait qu'il/elle est particulièrement fragile ou vulnérable. Elle passe par le désir sincère de parvenir à un accord équitable pour l'un et pour l'autre, au-delà des inévitables divergences de vues. Tendre vers le « gagnant-gagnant », c'est agir dans son propre intérêt, sans que cela se fasse aux dépens de l'autre. C'est demander à être traité avec respect et attention, c'est revendiquer le droit d'exprimer ses pensées, de poser ses limites, de prendre des décisions et de faire des erreurs, tout en accordant à son conjoint les mêmes droits. C'est finalement accepter le dialogue, en s'efforçant de *vraiment* s'écouter. Tendre vers le « gagnant-gagnant », c'est aussi renoncer à avoir systématiquement le dernier mot.

Il faut être deux pour se battre. Prendre conscience de cette évidence permet de relativiser le caractère apparemment inexorable de la violence. Plus on se bat pour se protéger des attaques de son/sa partenaire, plus on devient menaçant pour lui/elle qui, se sentant menacé(e) à son tour, renchérit par encore plus de violence. C'est sans fin. L'agressivité qu'on lui envoie ne peut que le/la conduire à riposter sur le même mode. Une façon d'empêcher cette agressivité serait de ne pas créer les conditions de l'agression. On se retire de ce petit jeu stérile de la riposte systématique. Le conjoint aura, de fait, moins tendance à réagir avec violence, s'il ne nous perçoit plus comme dangereux ou menaçant. Certes, c'est un exercice difficile à mettre en œuvre et à maintenir sur la durée, car il implique parfois d'assumer, pendant un temps, la position « perdant » (ce qui, c'est compréhensible, peut être insupportable !). C'est une question de perspective et de patience : à terme, on crée les conditions pour être « gagnant » de nouveau, tout en offrant à son/sa partenaire l'opportunité de l'être aussi.

La tristesse et la dépression

> « Je pensais que la dépression n'était que le lot des personnes "faibles" psychologiquement, se souvient Vincent. Je suis tombé de haut quand, un an après ma séparation, mon médecin m'a dit que je faisais probablement une dépression ! Il m'a même proposé un traitement antidépresseur ! Quelle claque !... Je n'ai pas pris de médicaments, finalement, mais j'ai revu mon jugement sur les personnes déprimées : ça peut toucher tout le monde et il n'y a pas de honte à ça ! »

Le mot *dépression* fait peur. On l'associe aux personnes fragiles et sans force de caractère. Pour rien au monde, on ne veut se reconnaître dans cet état !

Et pourtant, il faut bien comprendre que la dépression est un temps normal du processus de séparation. Elle fait partie de la dynamique d'intégration psychique de la perte de la relation et il n'existe aucun moyen d'en faire l'économie. *Il est donc indispensable de percevoir ce temps de dépression comme une phase prévisible et inévitable du processus*, qui signe paradoxalement le fait qu'on progresse et que le deuil de la relation est en train de se faire. Il est important de souligner que les *deux* partenaires traversent un temps de dépression. La/le partenaire qui part fait l'expérience de la dépression plus précocement (souvent durant la première phase du processus, mais il n'est pas rare qu'il/elle en vive une ré-émergence au cours de la troisième phase, après la séparation effective).

Pour être plus précis, plutôt que de *dépression*, il s'agit davantage ici de *vécu dépressif*. Il existe en effet une différence entre le vécu dépressif « normal » ressenti par *toute* personne faisant l'expérience de la rupture, et la dépression clinique, qui est une maladie à part entière et qui touche *certaines* personnes au cours de la séparation. Ces deux entités ont des manifestations très proches. Ce sont essentiellement l'intensité et la sévérité des symptômes qui font la différence entre le normal et le pathologique. Quels sont donc ces symptômes ?

– troubles du sommeil : difficultés à s'endormir et/ou réveils nocturnes fréquents et/ou réveil matinal précoce (vers 4-5 heures du matin) sans pouvoir se rendormir ;

– troubles de l'appétit (dans la plupart des cas, perte d'appétit avec amaigrissement) ;

– impression de fatigue, d'épuisement constant tout au long de la journée sans pouvoir vraiment récupérer ;

– tristesse marquée, avec peu de répit, s'associant à des pleurs et à des sanglots souvent incontrôlables ;

– perte d'intérêt pour tout ce qui suscitait du plaisir auparavant ; plus envie de faire quoi que ce soit ; baisse ou perte du désir sexuel ;

– difficultés à se concentrer sur son travail, perte de mémoire et diminution de sa vivacité d'esprit ;

– retrait social, perte du désir de voir des gens, à l'exception de certains proches auxquels on a envie de se confier ;

– difficultés à envisager l'avenir positivement et à élaborer des projets ; impression d'impasse ;

– souvent, baisse de l'estime de soi, dévalorisation de soi, culpabilité.

La plupart du temps, ces symptômes sont d'intensité modérée. Ils fluctuent avec le temps, autorisant des moments de répit durant lesquels on se sent mieux. C'est là qu'on parle de *vécu dépressif*. C'est le lot de toute personne impliquée dans le processus de séparation. Il est tout à fait normal et ne nécessite pas de traitement particulier. En revanche, on peut être aidé par des médicaments – des anxiolytiques pour combattre l'anxiété et les troubles mineurs du sommeil (Xanax®, Lysanxia®, Lexomil®, Valium®, Tranxène®, etc.), des somnifères pour lutter contre les troubles du sommeil plus importants (Imovane®, Stilnox®, Noctamide®, Donormyl®, etc.). L'automédication sauvage est à proscrire ; il faut toujours prendre l'avis d'un médecin. On peut se faire plus de mal que de bien si on ne prend pas le traitement adéquat. D'autres approches sont efficaces pour améliorer la qualité de vie : l'homéopathie, la phytothérapie, les huiles essentielles, l'acupuncture ou les techniques de contrôle du stress comme la sophrologie, la relaxation ou encore la méditation.

La dépression clinique

On parle de *dépression clinique* quand les symptômes cités précédemment persistent douloureusement en soi, s'aggravant au fil du temps, sans rémission ni amélioration. Progressivement, ils altèrent la vie affective, sociale et professionnelle, de façon très importante. Dans ce cas, le médecin ou le psychiatre qu'on aura pris soin de consulter sans attendre peut être amené à proposer un traitement antidépresseur (Déroxat®, Séropram®, Seroplex®, Effexor®, etc.), afin d'aider à passer ce cap difficile, mais cela n'est en aucune façon obligatoire ! Des entretiens psychothérapeutiques peuvent largement suffire à mettre à distance la dépression, sans l'usage de médicaments. Ces médicaments traitent uniquement les symptômes décrits plus haut. Ils ne peuvent, en aucune façon, annuler le processus de deuil de la relation, auquel on ne peut pas ne pas être confronté émotionnellement. Ce processus est, par nature, douloureux et les médicaments ne pourront rien y changer. Leur seule fonction est de permettre de se sentir plus fort intérieurement pour affronter les difficultés qui se présentent.

On peut aussi être déprimé sans le savoir et avoir recours à l'alcool ou à d'autres substances pour « tenir le coup ». Là encore, une extrême prudence s'impose, car le juste équilibre entre un verre d'alcool de temps en temps et une consommation régulière (et croissante) se rompt de façon très progressive et insidieuse, si on n'y prend pas garde. On rentre le soir, complètement vidé(e), et on boit un verre pour se relaxer avant d'attaquer la soirée – les devoirs des enfants, leur toilette, le dîner, le coucher, puis les heures vides, tout(e) seul (e) devant la télévision. Au début, un verre suffit mais, au fil du temps, on en vient à vider une bouteille tous les deux jours, puis tous les jours. Il y a un réel problème quand on devient dépendant d'une substance pour fonctionner normalement. Très souvent, on refuse de s'avouer à soi-même cette dépendance car on en a honte. Cependant, la nier ne change rien au fait qu'elle existe et qu'elle risque, à terme, de créer de nouvelles difficultés, en plus de celles qui existent déjà. Il est indispensable de se faire aider en s'adressant à un médecin et/ou à des associations spécialisées dans les problèmes de dépendance.

Il faut se faire aider quand on est déprimé, tant psychologiquement que médicalement. Les enjeux sont trop importants pour qu'on laisse la dépression conduire sa vie ! Quand on est déprimé, on est parfois tellement épuisé psychologiquement qu'on n'a plus suffisamment d'énergie pour se battre sur le front juridique. On néglige les démarches à mener auprès des différentes instances et on peut compromettre la juste revendication de ses droits (surtout si son conjoint est particulièrement virulent ou procédurier !). Le danger est d'accepter tout et n'importe quoi, simplement pour avoir la paix. On risque de s'en mordre les doigts plus tard…

De même, quand on est très déprimé, on a une vision altérée des choses et cela conduit parfois à prendre de mauvaises décisions : démissionner brutalement parce qu'on est épuisé, vendre son appartement, déménager sur un coup de tête à l'autre bout de la France, signer des papiers donnant tout pouvoir à son conjoint pour la garde des enfants. Ce temps de dépression n'est pas du tout propice aux décisions majeures qui engagent l'avenir. Lors de la séparation, il y a des prises de décision qu'on ne peut, bien sûr, pas différer ; mais, dans la mesure du possible, il est souhaitable de remettre à plus tard les décisions importantes et de prendre conseil auprès de personnes de confiance. Dans cette situation, un entourage solide, un bon avocat et un médecin efficace sont des alliés précieux.

La dépression crée une souffrance dont on a besoin de parler. Il est important de trouver des personnes à qui parler librement. À ce titre, les femmes sont mieux loties que les hommes ; elles acceptent plus facilement d'exprimer leurs émotions. Elles se donnent plus volontiers accès à leur ressenti intérieur et n'hésitent pas à le partager. C'est une manière efficace de gérer les émotions de la séparation : la parole est une excellente soupape de sécurité. Les hommes, en revanche, ont de grandes difficultés à exprimer leurs émotions. Ils ont peur de s'y confronter, considérant que c'est une marque de faiblesse que de se laisser aller à leur expression. Certains y voient même une remise en question de leur masculinité et de leur statut de « mec qui assure ». D'autres n'ont tout simplement jamais appris à nommer ce qu'ils ressentent. Cela n'a pas fait partie de leur éducation et ils éprouvent de réelles difficultés à trouver les mots justes pour parler de leur mal-être intérieur.

Si on est submergé par l'intensité d'un vécu émotionnel au point de se retrouver paralysé par l'angoisse ou la déprime, il est sage d'aller consulter un psy pour tenter d'y voir plus clair (le travail psychologique est d'ailleurs indispensable, quand on prend un traitement antidépresseur). Il est normal et légitime de se faire aider en ces temps difficiles. Ce n'est pas une marque de faiblesse ! Tout au contraire, c'est une preuve d'intelligence et de respect vis-à-vis de soi-même : on décide de prendre les choses en main, sans laisser les émotions régir son existence.

Un dernier point capital avant de clore ce chapitre sur la dépression : il faut être particulièrement sur ses gardes quand, à la liste des symptômes dépressifs décrits plus haut, s'ajoutent des idées suicidaires. En effet, la *présence persistante d'idées suicidaires* est un signe de gravité qui doit impérativement être pris en compte. Le risque de ce qu'on appelle le passage à l'acte suicidaire est d'autant plus grand que le « scénario » menant au suicide élaboré par la personne déprimée est bien construit. Les signes sont, entre autres, l'achat de médicaments (pour constituer un stock) ou de matériel (corde, arme à feu...), la mise en ordre de ses affaires (testament, papiers administratifs, lettres d'adieu, recommandations aux proches sur certaines dispositions bancaires...). La personne déprimée peut préparer son geste pendant des semaines, sans que son entourage se doute de quoi que ce soit. Par ailleurs, l'idée reçue que la personne qui parle de suicide ne passera jamais à l'acte est fausse. Un désir suicidaire persistant doit *toujours* amener à consulter un médecin ou un psychiatre, car on est véritablement en danger. Des traitements médicamenteux et psychothérapeutiques existent pour alléger le poids de la dépression. Ils ne résolvent pas tous les problèmes, mais ils aident à se confronter de façon plus efficace aux difficultés qui semblent aujourd'hui totalement insurmontables. Aucune situation n'est désespérée au point que la mort soit la seule réponse. On doit toujours se donner une chance, même si l'avenir paraît bouché. C'est le terrible pouvoir de la dépression que d'implanter en soi une telle conviction. Elle est pourtant erronée.

La culpabilité

Il est probable qu'à ce stade du processus de séparation, la personne ayant décidé de partir ait déjà cheminé intérieurement par rapport à sa culpabilité. Il est même possible qu'elle commence à entrevoir les prémices d'un nouvel équilibre émotionnel, même si rien n'est encore très solide...

Mais, pour la personne quittée, c'est une autre histoire ! Elle est dans une tout autre position : elle entame à peine son processus d'ajustement. A priori, on pourrait penser qu'elle est exempte de culpabilité – mais c'est loin d'être le cas ! En effet, la rupture contraint à une relecture du passé. On essaie de comprendre pourquoi et comment on est arrivé à une telle faillite de son couple. On cherche dans le passé des indices susceptibles d'éclairer le cours des événements. La vérité est qu'on trouve immanquablement quelque chose dont on peut se faire le reproche. C'est inévitable, car il n'existe aucune relation humaine « parfaite ». On retrouve toujours des actes, des paroles ou des pensées qu'on regrette a posteriori ! Personne n'est à l'abri des multiples accrocs qui, avec le temps, abîment irrémédiablement la relation. Avec le recul, on attribue le triste résultat du présent à ces manquements du passé.

Ce retour en arrière ramène à la conscience des comportements dont on se sent authentiquement coupable. C'est une forme de culpabilité légitime et adéquate : on a commis des actes qui ont effectivement blessé ou fait du tort à son/sa partenaire. Il est possible aujourd'hui de faire amende honorable, d'abord vis-à-vis de soi-même, puis vis-à-vis de la personne qu'on a offensée (si la situation le permet et si son amour-propre l'autorise). Cette démarche a le pouvoir de créer un apaisement dans la relation avec son ex-conjoint car elle s'inscrit dans la reconnaissance de sa souffrance.

La culpabilité devient inappropriée quand elle occupe une place hors de proportions. On se sent en faute vis-à-vis de la société, car on a l'impression d'avoir échoué au regard de l'attente de réussir sa vie de couple. On se sent coupable vis-à-vis de son éducation religieuse qui condamne le divorce. On est rongé de culpabilité vis-à-vis de ses parents, on craint leur jugement et on ne parvient pas à leur annoncer qu'on est en train de se séparer. Cette culpabilité est malheureusement stérile, elle ne mène à rien de constructif.

Quelle que soit son origine, la culpabilité est une attaque à l'estime de soi. Elle est d'autant plus agressive qu'elle survient sur un terrain psychique déjà fragilisé par la peur ou la dépression. Elle peut même nourrir de vieilles convictions qui portent à croire qu'on est fondamentalement inapte au bonheur. Incidemment, si on en éprouve le besoin, c'est ce type de culpabilité qu'il est utile de travailler en psychothérapie : elle renvoie souvent à des schémas névrotiques du passé qui demandent à être explorés pour s'en libérer.

L'attachement, les pensées obsédantes

On croit que la séparation rompt définitivement tout lien avec son/sa partenaire, et on constate rapidement qu'il n'en est rien. On pense très souvent à cette personne, on se demande ce qu'elle fait, qui elle voit, comment elle vit dorénavant : cela peut tourner à l'obsession !

Étrangement, le fait de penser sans cesse à l'autre personne est une façon de rester en lien avec elle, consciemment ou non. Il y a quelque chose de presque viscéral dans ce besoin de préserver le lien. Ce « manque de l'autre », cette attraction persistante (et parfois troublante) envers son/sa partenaire traduit ce qu'on appelle l'« attachement » – celui-ci peut perdurer après la séparation, même quand la relation était hautement conflictuelle. En effet, l'attachement ne doit pas se confondre avec l'amour. Il peut y avoir un fort attachement entre deux personnes, alors même qu'il n'existe plus véritablement d'amour entre elles. L'attachement est un ensemble d'habitudes, de rituels du quotidien, de connexions multiples et inconscientes qui nous relient très étroitement à l'autre. On peut le comparer à une sorte de réflexe émotionnel qui se construit progressivement, par le simple fait de vivre longtemps avec quelqu'un. Il est important de répéter que l'attachement n'a rien à voir avec l'amour, car, très souvent, on fait la confusion entre les deux et on doute alors du bien-fondé de la séparation.

« Je pense à elle tout le temps. Est-ce que je ressentirais cela si je ne l'aimais vraiment plus ? Est-ce que j'ai bien fait de partir ? Est-ce que je me suis trompé ? »

« Je pense à lui tout le temps. Ça fait deux ans qu'il m'a quittée et je l'ai toujours dans la peau. Je sais que je ne l'aime plus, pourtant; il m'en a trop fait baver. Mais je n'arrive pas à l'enlever de mes pensées… »

L'attachement alimente l'ambivalence. Et il a la vie dure : il persiste longtemps après la rupture effective. Il se nourrit du moindre contact, du moindre coup de téléphone, se réactive à la moindre lettre, au moindre souvenir. Même si l'amour avait déjà déserté le couple depuis longtemps, le corps et l'esprit sont en manque de la présence de l'autre. L'attachement n'est pas l'amour, certes, mais il lui ressemble diablement !

L'attachement n'a rien de « pathologique » ; il s'estompe avec le temps. Il devient néanmoins particulièrement douloureux quand il occupe une place trop importante dans la vie psychique. Dans ce cas, les préoccupations centrées sur l'ex-conjoint tournent à l'idée fixe : on est assailli de pensées obsédantes qui ramènent sans cesse à lui.

Cette situation montre combien l'esprit se refuse à accepter la réalité de la séparation. Elle est faite d'un mélange d'amour et d'attachement que rien ne semble pouvoir dissiper. Parfois, la douleur est telle qu'on n'a pas d'autre choix que de couper tout contact avec la personne aimée, même si cette rupture se fait à son corps défendant. Cette démarche est relativement « chirurgicale » ; mais, dans certains cas, il n'existe pas d'autre moyen pour arrêter d'avoir mal. On réalise en effet que la moindre rencontre, le moindre échange avec son/sa partenaire renforcent cet attachement obsédant. La seule solution qui reste est de prendre de la distance et de demander à son entourage commun de ne plus nous donner de nouvelles de cette personne. On aura sûrement envie de l'appeler ou de lui écrire, mais il faut savoir se l'interdire, puisqu'on sait pertinemment que céder à cette pulsion intérieure ne ferait que prolonger le mal-être. On peut imaginer qu'après un certain temps, il sera à nouveau possible d'entendre parler de cette personne – ou même de la voir – sans avoir trop mal ; mais cela semble encore impossible pour le moment.

Malgré tout, il est normal de penser à son/sa partenaire. De toute façon, on ne peut pas s'en empêcher ! On a besoin de parler, encore et encore, de ce conjoint qui nous a laissés sur le bord de la route. Ce retour incessant sur les circonstances de la rupture et sur le récit des événements de la vie commune (cela pendant des semaines, voire des mois) fait partie du processus de deuil de la relation. C'est quelque chose que les proches ne comprennent pas toujours : ils pensent que la personne quittée se « complaît dans son malheur » et qu'elle « se fait du mal » à revenir sans arrêt sur le passé. Faux ! C'est au contraire indispensable. Cette nécessité psychique répond à un besoin clairement identifié de toute personne en deuil, quel que soit le deuil, besoin qui impose de revenir, à de multiples reprises, sur des détails insignifiants de la vie de couple, sur les conversations, les disputes, les attitudes et comportements du conjoint, etc. Ces conversations « en boucle » ont une fonction : elles permettent l'intégration progressive de la réalité de la perte. C'est fatigant et stressant (un peu « saoulant » pour l'entourage), mais force est de constater que ce retour répété sur le passé aide à clore la relation et contribue à réduire l'attachement.

L'ambivalence de celui/celle qui est parti(e)

Après la séparation effective (ou après l'annonce de la rupture), celui/celle qui part éprouve souvent un sentiment de soulagement, voire d'euphorie, d'avoir enfin pu franchir le pas. Pour certains, cela ne dure pas. Progressivement, la réalité qui détermine cette décision commence à s'incarner dans le quotidien : on se retrouve seul(e) le soir dans une maison silencieuse, le lit devient subitement trop grand, les vacances seul(e) sont, en fait, un peu déprimantes, finalement on ne se sent pas aussi libre et heureux(se) qu'on l'avait imaginé – à moins évidemment d'avoir mis un terme à sa relation pour s'engager avec une autre personne qui est à l'origine de la séparation.

Lors de la première étape du processus de séparation, on s'était donné toutes les raisons de partir, en dépeignant son/sa partenaire sous les pires aspects. Aujourd'hui, alors qu'on se retrouve tout(e) seul(e), le souvenir de tout ce qui était, malgré tout, positif dans la relation revient à l'esprit, et ça fait mal. Ce ressenti peut même émerger si on a une nouvelle personne dans sa vie ! Ce n'est pas antinomique ! Même si la décision de partir était juste, ça n'empêche pas d'éprouver ce malaise : il y avait nécessairement des choses agréables dans cette relation. L'erreur est de croire qu'on s'est effectivement trompé. On peut même avoir des velléités de retour vers ce partenaire qu'on a délaissé. Il ne s'agit là que d'une manifestation de l'attachement et la douleur qu'on ressent est bel et bien celle du deuil.

Il faut examiner très attentivement ce désir de revenir dans les bras de la personne qu'on a quittée. Soit on est vraiment sincère et il ne reste plus qu'à espérer que son/sa partenaire accepte cet étonnant retour. Soit ce désir de revenir en arrière n'est motivé que par la peur, la solitude ou la souffrance. On se confronte en effet de plein fouet avec les conséquences de la rupture et on réalise que ce n'est pas du tout ce qu'on avait envisagé ! De plus, aujourd'hui, alors qu'on doit se débrouiller tout seul, on se trouve face aux soucis dont on faisait le reproche à son/sa partenaire ! On ne peut plus le/la blâmer et on doit bien reconnaître qu'on était, depuis le début, responsable de son propre malheur. On s'ennuie autant – on déprime autant –, on a autant l'impression que sa vie est vide, alors qu'on accusait son conjoint d'être à l'origine de ces émotions négatives... Force est de constater qu'il s'agit de soi... et que de soi ! On se rend compte que la relation du passé était beaucoup plus confortable et sécurisante que ce quotidien qu'on découvre peu à peu. Ce partenaire, finalement, n'était pas aussi déplaisant que ça !

Il est possible aussi qu'on ne se soit pas donné suffisamment de temps pour réfléchir et qu'on ait demandé une séparation qu'au fond on ne souhaitait pas vraiment. On espère alors pouvoir revenir sur une décision qui ne correspond pas à ce qu'on voulait. Un peu penaud (et surtout très vulnérable à l'issue de cette prise de conscience), on sollicite un éventuel retour auprès de cette personne qu'on a quittée.

Comment va-t-elle réagir ? Il faut comprendre qu'à l'annonce de la rupture, elle n'a pas eu le choix. Elle a été contrainte à se confronter à la douleur de la séparation ; elle a lutté pour retrouver un nouvel équilibre et se trouve aujourd'hui en plein processus d'ajustement émotionnel. Et voilà qu'on frappe de nouveau à sa porte ! La réponse est rarement favorable : elle a commencé à explorer de nouveaux potentiels et peut-être à jouir de ce statut inattendu de célibataire ; elle est en train de découvrir une liberté et des opportunités de développement personnel qu'elle ne soupçonnait pas dans sa vie de couple. Le fait est qu'elle n'a plus envie de faire marche arrière. Face à cette déconcertante situation, le « quittant » devient alors le « quitté ».

Néanmoins, le « retour en grâce » du partenaire qui est parti est parfois possible. Il s'effectue sous certaines conditions que la personne quittée ne manque pas de préciser, en présentant le cahier des charges conditionnant son retour épais comme un annuaire : elle est là en position de force, même si elle a l'intelligence de ne pas le faire trop sentir ! Mais il faut rester lucide. Dans la majorité des cas néanmoins, revenir à la case départ s'avérera très difficile – c'est souvent impossible (à moins qu'un authentique travail de fond n'ait été accompli durant le temps de séparation). Il faut accepter cette nouvelle réalité qu'on a activement contribué à créer. Il faut faire face courageusement à la vie telle qu'elle est maintenant et apprendre à prendre soin de soi en dépit de l'anxiété, du doute et de l'incertitude. On ne peut pas laisser la peur prendre le dessus et invalider une décision de séparation qu'il a peut-être été sage de prendre.

Le processus juridique

Le processus juridique, qui n'est le fait que des couples mariés ou pacsés, est une étape particulièrement éprouvante de la séparation et ce, quels que soient les partis concernés. La peur du manque, la crainte de se laisser abuser, la méfiance vis-à-vis de l'intégrité du partenaire, le désir de vengeance viennent souvent alourdir une procédure déjà suffisamment pénible par elle-même. Tout est alors possible : de la collaboration intelligente au sanglant règlement de comptes !

Le processus juridique débute alors qu'on n'est pas du tout disponible psychologiquement. Le niveau émotionnel est au plus haut, la capacité à être « raisonnable » au plus bas. L'avenir paraît confus et menaçant, le jugement est perturbé par la mouvance des états émotionnels et il est difficile de parvenir à des décisions équitables, tant pour soi-même que pour son/sa partenaire. Submergé par le stress de la séparation, on ne parvient pas à se concentrer sur les démarches administratives et juridiques qui découlent immanquablement du divorce. On a du mal à trouver la juste mesure et à évaluer posément ce qui est bon pour soi.

Raison de plus pour ne pas se précipiter ! En effet, il n'y a plus de véritable urgence : tout a été dit et il faut maintenant gérer les événements le mieux possible. Par ailleurs, on a besoin d'un temps de convalescence pour se remettre complètement du traumatisme de la séparation. On est appelé à modifier en profondeur son fonctionnement et cela aussi demande du temps. Il est sage d'avancer lentement, en ayant soin (là encore, si cela est possible) de ne rien décider d'important sous l'emprise d'une émotion trop forte. Sauf cas particuliers, il n'est pas nécessaire de prendre immédiatement des décisions définitives : on doit se ménager le temps d'écouter son/sa partenaire et de réfléchir à ce qui est demandé. Si les conditions le permettent, on peut négocier ensemble des solutions temporaires et se ménager un espace de transition pour envisager le plus long terme. Certains arrangements peuvent être pris pour un temps déterminé (quelques mois ou années) et être renégociables plus tard. L'important, dans un premier temps, est d'asseoir des bases pour les mois à venir.

Comme on va être amené à prendre des décisions qui auront une influence significative sur l'avenir, il est aussi indispensable de se ménager un environnement stable (tant physiquement que psychiquement) pour réfléchir calmement. Si on le peut, il est utile d'adopter le mode de vie le plus simple et le plus sécurisé possible durant les négociations – même si, en vérité, cela s'avère souvent difficile. En effet, on ne peut pas négocier sereinement si, « en attendant », on habite une sordide chambre d'hôtel, si on doit trouver d'urgence un emploi, ou encore si, en proie à de gros soucis financiers, on ignore comment on va payer le loyer du mois prochain. L'« urgence », dans ce cas, est de trouver des solutions provisoires qui garantissent un minimum de sécurité.

Comme on l'a déjà dit, il est nécessaire de prendre le temps de s'informer sur ses droits. C'est une démarche indispensable si on ne veut pas être pris de court. Elle aide à discerner ce qui est possible de ce qui ne l'est pas. Il est en effet difficile de négocier correctement tel ou tel arrangement, si on ne connaît pas les règles du jeu. Il est vrai qu'on n'a pas le cœur à se plonger dans les détails juridiques du divorce. Mais il faut savoir qu'on risque de payer très cher cette ignorance, si on se prive d'informations qui permettent de sécuriser l'avenir. Il existe des ouvrages de vulgarisation sur le divorce ou des sites Internet à consulter pour trouver l'information dont on a besoin.

Pour ce qui est des conseils donnés par l'entourage, il convient d'être très prudent. De fait, chaque cas est unique et seul un professionnel est à même de donner l'information fiable, en fonction d'une situation donnée. Il existe rarement de recettes toutes faites applicables à tous les cas de figure. On ne peut pas s'offrir le luxe de commettre des erreurs qui pourront avoir des conséquences durables. Il peut être sage, aussi, de prendre l'avis de plusieurs avocats ou conseillers juridiques, afin de confronter leurs différents points de vue avant d'en choisir un. Il est important de vous renseigner auprès de votre entourage pour trouver le professionnel qui sera le plus à même de défendre vos droits.

Quand on prend conseil auprès d'un avocat, il est sage de ne pas s'abandonner totalement à ce qu'il conseille. Certains avocats réputés pour être des « tueurs » – des « killers » pour reprendre l'expression d'un patient – ont en effet des attitudes tellement agressives ou inflexibles qu'ils peuvent préconiser des décisions qui ne font que jeter de l'huile sur le feu, fermant la porte à une résolution harmonieuse aux conflits. Il est nécessaire de prendre conseil et de bénéficier de la protection que confère la connaissance des rouages juridiques, mais il est important de conserver son libre arbitre et de se fier à son intuition sur ce qui est juste de faire. Il est sage de ne pas laisser un avocat prendre trop la main sur les décisions importantes de votre vie, même si son aide et son soutien se révèlent souvent précieux, voire indispensables.

L'attitude mentale dans laquelle on se place pour aborder le processus légal est un élément important qui détermine la tonalité des démarches. Il est possible de changer l'attitude de son/sa partenaire, *si on change d'abord sa propre attitude.* Par exemple, si on adopte délibérément un comportement qui suscite la peur, l'insécurité ou la colère chez son/sa partenaire, on le/la contraint à une réaction défensive et cela ferme toute tentative de négociation apaisée. On ne fait que créer des résistances et cela conduit immanquablement à l'échec relationnel.

Ce comportement au cours du processus juridique est une nouvelle occasion d'interroger ses motivations de fond. Pourquoi suis-je en train d'agir ainsi envers mon partenaire ? Suis-je sous l'emprise de la colère, de la culpabilité, de la peur ou de la cupidité ? Suis-je à la recherche d'une quelconque vengeance ? Suis-je vraiment sincère dans mon désir de parvenir à un arrangement harmonieux ? Ne suis-je pas en train de chercher la bagarre ? L'examen des réelles motivations de nos actions est indispensable car celles-ci coloreront l'ensemble du processus. On a donc tout intérêt à savoir dans quelles dispositions d'esprit on se trouve vraiment.

Un dernier mot : en s'engageant dans le processus légal, on s'attend légitimement à ce que les décisions prises soient justes et équitables. Or les notions de justice et d'équité sont sujettes à de multiples interprétations. On a construit sa propre version des événements et le conjoint a fait de même ; le problème est qu'elles sont rarement concordantes. Il est possible que le juge estime équitable une décision qui semble ne pas tenir compte de nos priorités ou de nos intérêts. C'est une donnée avec laquelle on doit composer, même si elle soulève l'indignation. Cet état de fait souligne combien il est important de parvenir à des décisions satisfaisantes ensemble *avant* de se lancer dans les démarches légales. Certes, on peut s'en remettre à un juge pour régler les différends ; c'est lui, de toute façon, qui tranchera en dernière instance. Mais il ne maîtrise pas obligatoirement toutes les données du problème. Même s'il est de plus en plus fréquent de voir le juge solliciter l'expertise d'un psychologue médiateur pour asseoir sa décision, il ne pourra pas tenir compte de certaines dimensions spécifiques à l'intimité du couple.

Au-delà des inévitables conflits et des intérêts personnels, on a tout à gagner à essayer de négocier, en amont, avec son conjoint sur tous les points délicats – en ayant bien conscience que parfois l'attitude de l'un ou l'autre des partenaires rend cela totalement impossible… L'objectif est de parvenir à un consensus équitable, avant de faire intervenir les hommes de loi. Cela suppose évidemment qu'un minimum de communication ait été préservé, ce qui n'est malheureusement pas toujours le cas.

4.

L'enfant et la séparation des parents

« J'étais très clair dans mon désir de quitter Véronique, explique Arnaud, mais je savais que cette décision allait modifier radicalement la relation avec ma petite fille. Elle n'avait que sept ans à l'époque et je m'en voulais de lui imposer une décision d'adulte qui allait changer le cours de sa petite vie. Je me sentais égoïste, mais je voyais bien qu'il n'y avait pas d'autre issue. »

« Pendant toutes ces années, on est restés ensemble pour les enfants, reconnaît Élodie. On pensait que ce serait mieux pour eux, mais, avec le recul, je n'en suis pas aussi certaine... Ce n'était, de toute façon, que reculer pour mieux sauter. »

Un jour, alors que l'enfant pensait que ses parents resteraient ensemble à tout jamais, ils s'assoient auprès de lui, l'air gêné... Ils ont quelque chose à lui dire... Soudain, tout bascule pour lui quand ils lui apprennent qu'ils ont décidé de se séparer. Leur enfant est la dernière personne au monde qu'ils souhaitent blesser ; néanmoins, ils s'engagent, en toute conscience, sur un chemin où il ne trouvera initialement que de la confusion. C'est un choix difficile à assumer car il interroge directement la pertinence de leurs choix, tout en soulignant leurs responsabilités en tant que parents. Pour chaque parent, l'enjeu est de taille : revendiquer son droit au bonheur, mais aussi préserver l'équilibre et le bien-être de l'enfant.

Rester pour le bien des enfants ?

Ne pas blesser son enfant en lui imposant un divorce qu'il ne souhaite pas est le premier objectif de tout parent confronté à la dégradation de son couple. Sur le fond, il part d'un réel souci à l'égard de l'enfant. Ce raisonnement est-il pertinent pour autant ?

L'enfant construit sa vision du monde à travers ses expériences de vie. Le milieu familial est le laboratoire privilégié où, par leurs attitudes et leurs comportements, les parents lui enseignent les règles du jeu qui lui serviront de points de référence pour sa vie à venir. Qu'apprend-il alors d'un environnement familial où la guerre froide se déclare entre les deux parents, où l'agressivité et le silence hostile deviennent les modes usuels de communication ? Quelle image de la vie de couple se construit-il intérieurement, lorsqu'il voit ses parents se déchirer sans cesse pendant des années ou qu'il a sous les yeux le spectacle d'un père indifférent et silencieux, vissé devant la télévision, et celui d'une mère aigrie s'affairant avec amertume aux travaux de la maison ? Que conclut-il des relations d'amour entre l'homme et la femme, quand, derrière la porte fermée de la chambre parentale, il entend les pleurs de sa mère et les insultes de son père ? Où se trouve l'harmonie dont il a besoin, s'il doit se poser en arbitre impuissant entre deux parents en proie à la violence physique ?

Si, en tant que parent, on appréhende les dégâts psychiques d'un divorce sur l'équilibre émotionnel de son enfant, il faut d'abord se pencher sur les dégâts alors même qu'on est marié ! On constate très souvent que les difficultés manifestées par l'enfant pendant (et surtout après) le divorce relèvent autant (si ce n'est plus !) de conflits précédant la séparation que du processus de séparation lui-même. On a tort de penser que les troubles émotionnels de l'enfant sont entièrement imputables à la séparation. Au contraire, ces problèmes sont, dans bon nombre de cas, liés au bain d'hostilité conjugale dans lequel l'enfant a mariné pendant des années.

Le divorce de ses parents sera de toute façon traumatisant pour lui. C'est une donnée qu'on ne peut pas changer. Il reste à trouver, entre deux maux, celui qui, à terme, sera le plus bénéfique.

Ce divorce va laisser des blessures profondes dans son cœur. Mais il serait faux de penser qu'il va nécessairement hypothéquer son bonheur à venir. Il est aujourd'hui démontré que la séparation parentale, aussi pénible soit-elle, peut véritablement déboucher sur une vie heureuse et équilibrée, où l'enfant apprend à se construire en adulte mûr et capable de relations affectives de qualité. Mais cela dépend de ce qu'aura été l'attitude des parents avant, pendant et après la séparation, car c'est bien eux qui déterminent les répercussions à long terme du divorce sur l'enfant. Il s'agit, de fait, d'une lourde responsabilité. Mais le savoir évite la position défaitiste, qui pousse à considérer comme inéluctables les souffrances à venir de l'enfant. Au contraire, on a l'occasion de contribuer activement à son bonheur, en dépit des épreuves. Rien ne se fera facilement et il va falloir beaucoup d'efforts, mais le jeu en vaut la chandelle. Il n'y a pas d'autre fatalité que celle qu'on s'impose à soi-même.

Un « bon » divorce, vécu avec lucidité et intelligence, est toujours préférable à l'enfer quotidien d'un « mauvais » mariage où on n'offre à l'enfant que l'apprentissage de la colère, du silence et de la rancœur. Faut-il le souligner, de nombreux parents réalisent qu'ils deviennent de « meilleurs » parents après le divorce ; ils se découvrent plus détendus et plus disponibles pour l'enfant, une fois libérés du stress de la relation de couple.

Les besoins et les réactions du jeune enfant

> « Je n'ai pas été sage, c'est pour ça que Papa est parti : il ne m'aime plus... »
> « On va devenir pauvres car Maman n'a pas d'argent, maintenant que Papa n'est plus là. Je ne vais plus avoir à manger et on ne pourra plus aller en vacances... »
> « On va se moquer de moi à l'école et la maîtresse va être en colère contre moi... »
> « Mais pourquoi vous ne pouvez pas rester ensemble comme avant ? »

Les interrogations de l'enfant traduisent explicitement combien le divorce remet en question la sécurité de son petit monde. Pour le petit enfant, les mots clés qui régissent son équilibre sont souvent bien là : sécurité, stabilité, permanence de la présence et de l'amour des parents. Cela est un peu moins vrai pour l'adolescent qui a déjà trouvé des repères hors de la sphère familiale. Le jeune enfant se sent (et est réellement) dépendant d'autrui pour sa survie et il est inconcevable pour lui que les êtres qui tiennent sa vie entre leurs mains se séparent, menaçant ainsi les bases mêmes de son intégrité physique et psychique ! Peu importe alors si ses parents lui expliquent, avec soin, les raisons de leur séparation ; ce que l'enfant va retenir, c'est avant tout la menace qui pèse désormais sur son quotidien. « Qu'est-ce qui va se passer *pour moi* ? » est sa préoccupation prioritaire, car il sait intuitivement qu'il n'a pas encore développé en lui les compétences nécessaires pour se débrouiller de façon autonome. Il interprète le monde et tout ce qui s'y passe en fonction de lui seul, de ses intérêts, des conséquences (réelles ou fantasmées) que les événements auront sur sa sécurité ; cette vision très « égocentrée » est le fonctionnement naturel de tout enfant jusqu'à environ six ans et persiste souvent au-delà.

L'amour et l'attention qu'on lui porte sont les fondations de sa sécurité. Le jeune enfant a besoin d'être rassuré et apaisé sur le fait qu'il est aimé de ses *deux* parents. Au cours du processus de séparation, il réagira sans cesse en référence à la crainte de se voir dépossédé de cet amour.

L'évolution de notre société où près de 50 % des mariages se terminent en divorce induit paradoxalement un paramètre positif et rassurant pour l'enfant : il a presque obligatoirement dans son entourage (amis, école, centre de loisirs...) des enfants dont les parents sont séparés. Cela concerne peut-être la majorité de ses petits camarades de classe ! Même si la séparation de ses parents reste un traumatisme pour lui, il dispose néanmoins de nombreux points de repère sur la manière de le vivre. Il peut se référer à ce que vivent les autres et même partager avec eux son vécu, en s'inspirant de leur manière de réagir face aux événements. Cela lui donne un cadre de référence qui aide à désamorcer l'étrangeté de la situation : il voit clairement que certains enfants s'en sortent très bien après le divorce de leurs parents, vivant par exemple comme une évidence le fait de passer une semaine chez Papa et une semaine chez Maman, ou parlant de leurs vacances avec leur beau-père ou leur belle-mère comme s'il s'agissait de la chose la plus naturelle au monde ! Le divorce de ses parents n'est donc pas une tare honteuse qu'il doit cacher aux yeux d'autrui puisque c'est le quotidien de nombreux autres enfants. Cette réalité permet parfois d'amortir considérablement l'impact négatif du divorce.

Le deuil de ce qui ne sera jamais

Comme ses parents, l'enfant doit faire le deuil de ce qui a été et de ce qui ne sera plus. C'est un chemin qui doit s'inscrire dans son histoire de vie, même si l'adulte souhaiterait l'en préserver. Ce qui va différer du deuil de l'adulte, c'est le mode d'expression des émotions qui vont traverser l'enfant. Cela explique pourquoi le parent ne percevra pas toujours à sa juste mesure ce que tente de lui communiquer son enfant. En effet, celui-ci ne s'exprimera pas nécessairement de la manière à laquelle s'attend l'adulte.

L'âge de l'enfant, sa maturité et son degré de compréhension déterminent directement sa façon de vivre cette première crise majeure de son existence : plus il est jeune, moins ses capacités d'intégration sont développées. Il en va de même de sa capacité à communiquer explicitement sa souffrance et ses besoins. Tout l'enjeu pour le parent est d'apprendre à décrypter, au plus juste, ce que lui dit son enfant

Le jeune enfant – jusqu'à cinq-six ans

Jusqu'à cinq-six ans[1], l'enfant exprime ce qu'il ressent à travers son comportement : les actes remplacent les mots. Suite à la séparation, il peut perdre certaines acquisitions et

1. Ces tranches d'âge ne sont que des repères approximatifs. Telle caractéristique peut être évoquée pour un âge et concerner également d'autres tranches.

régresser transitoirement à des stades antérieurs de développement (en un temps où son petit monde n'était pas mis en péril) : il fait de nouveau pipi au lit, il suce de nouveau son pouce ou encore manifeste de vieilles peurs (peur du noir avant de s'endormir, peur de se retrouver seul dans une pièce, sans un parent à proximité...). Il hésite à se livrer à ses activités favorites si l'adulte n'est pas constamment avec lui. En effet, il vient de « perdre » un parent, il redoute de perdre l'autre et est aux abois si ce dernier disparaît, ne serait-ce qu'un instant ! Cette demande d'attention angoissée est parfois exaspérante pour le parent, mais il ne faut y voir que l'expression d'un énorme besoin de réassurance. S'énerver contre l'enfant ne fera qu'accroître son angoisse.

L'agressivité est pour lui une autre façon d'exprimer son désarroi, mais il peut aussi être en colère contre des parents qui le plongent dans une telle confusion. Il le leur fait bien sentir : il devient irascible, bougon, insupportable. À l'inverse, on peut voir de jeunes enfants tellement effrayés par la situation ou par l'idée de susciter la colère de leurs parents qu'ils adoptent une attitude bien trop calme et soumise, de peur d'être attaqués ou même abandonnés. Dans un même ordre d'idée, certains affichent un profil bas car, du fait de la « pensée magique » qui, dans cette tranche d'âge, est à son apogée, ils se croient automatiquement responsables du malheur familial et espèrent, par un comportement effacé, passer inaperçus, de peur qu'on les accuse !

La « pensée magique »

La pensée magique est la conviction qu'a l'enfant d'être tout-puissant, de pouvoir très directement influencer et contrôler le monde extérieur par la force de son désir. Par exemple, il est convaincu de pouvoir remettre ses parents ensemble, afin que tout redevienne « comme avant », par le simple fait de sa volonté. Ce mode de pensée n'est pas sans conséquence, car il conduit l'enfant à croire qu'il est responsable de la séparation de ses parents (selon sa perception, il a le contrôle de toutes choses !). Ainsi, s'il voit ses parents tristes ou angoissés, il se sent responsable de ce qu'ils ressentent. Selon sa vision des choses, il est à l'origine de leur détresse d'une manière ou d'une autre, c'est donc lui qui doit y remédier ! Il se sent coupable vis-à-vis de ses parents et espère pouvoir inverser le processus. Cette culpabilité peut se transformer en colère (fruit de sa frustration) ou en dépression, quand il réalise qu'il est impuissant à les soulager et que tous ses efforts sont vains. Il est mis en échec dans ses tentatives de réparation de la détresse parentale et le risque est qu'il en vienne à se désigner lui-même comme « mauvais » ou » incapable » – un « *loser* », en d'autres termes, qui ne mériterait pas l'amour de ses parents, puisqu'il serait responsable de tant de malheurs.

De telles pensées paraissent démesurées et hors de proportions pour l'adulte, mais il est toujours souhaitable que le parent dise explicitement à son enfant qu'il n'est *en rien* responsable de la séparation : il faut que l'enfant comprenne, *sans l'ombre d'un doute*, qu'il n'a rien à voir avec les conflits qui opposent ses parents. C'est une évidence pour l'adulte mais pas pour le jeune enfant qui a besoin qu'on lui explique, par A plus B, que ce qui se passe entre ses parents *n'est pas de sa faute*. Même si l'enfant ne manifeste pas d'inquiétude de cet ordre, on ne prend aucun risque en le lui disant clairement. On ne sait jamais…

L'enfant de six à huit ans

L'enfant de cette tranche d'âge manifeste plus clairement sa peine, même si sa tendance naturelle est de tenter de la cacher, si on ne le sollicite pas. On commence, à ces âges, à observer d'authentiques manifestations dépressives, s'accompagnant de troubles du sommeil (réveils en pleurs au milieu la nuit), de troubles de l'appétit ou de perte d'intérêt pour les activités habituelles. L'agressivité (sous toutes ses formes : bagarres avec les frères et sœurs, refus de l'autorité parentale, accès de colère…) ou les épisodes de grande agitation psychomotrice où l'enfant devient incontrôlable sont toujours les indicateurs d'un état d'anxiété ou de confusion. À cet âge, il commence à être possible de l'inviter à exprimer directement son mal-être plutôt qu'à le mettre en acte (ce qui n'est pas toujours très évident pour le parent poussé à bout par le comportement anarchique de son enfant…).

C'est également à cet âge que l'imagination de l'enfant bat son plein. Aussi, se pose la question fondamentale de la vérité. Que dire à l'enfant ? Qu'est-il prêt à entendre ? Il faut bien comprendre que si on le laisse dans l'ignorance de ce qui se passe dans la maison, son imagination va prendre le relais. Si l'adulte ne le rassure pas très explicitement sur son avenir, il va envisager les pires scénarios concernant les menaces qui pèsent sur sa sécurité. S'il voit son parent très inquiet pour telle ou telle raison et que celui-ci ne lui donne aucun indice pour comprendre cet état, il va immanquablement « se faire un film ». Il n'a pas la possibilité de changer sa version des faits tant que l'adulte ne le met pas au courant de ce qui se passe vraiment. De même, il faut savoir que l'enfant ne se permettra que ce que l'adulte se permettra lui-même. Cela signifie que s'il voit son parent adopter une attitude silencieuse (mais pétrie d'une angoisse qui ne passera pas inaperçue à ses yeux), il aura tendance à adopter un comportement similaire, supposant que ce que lui montre l'adulte est aussi ce qu'on attend de lui ! Ainsi, tout en imaginant le pire, il va s'interdire toute manifestation de stress, en enfouissant ses peurs au fond de lui-même. Qui sait sous quelle forme ce stress refoulé émergera plus tard...

Le juste chemin est de se montrer le plus authentique possible envers son enfant, sans pour autant le submerger de son angoisse d'adulte. Il peut comprendre, par exemple, que Maman est triste d'avoir été quittée par Papa, mais l'enfant s'inquiète quand Maman semble plonger trop profondément dans sa peine. L'enjeu pour l'adulte est de trouver la bonne mesure entre une expression sincère de ce qu'il ressent, sans trop cacher à son enfant la vérité de ses émotions, tout en le préservant de ses émotions trop intenses qui effrayeraient son petit. Il est vrai que l'enfant de cet âge a viscéralement besoin de s'entendre dire que « tout va bien se passer ». Ainsi, même s'il voit son parent dans la peine, l'enfant a également besoin que l'adulte le protège de l'intensité de son désarroi. Si le parent se sent trop submergé par ses émotions, il est sage qu'il les exprime ailleurs, auprès d'autres adultes ou d'un professionnel psy. L'enfant de cet âge n'a pas la capacité de contenir l'émotionnel de l'adulte !

Entre neuf et douze ans

Avec l'importante recrudescence des divorces, un très grand nombre d'enfants pré-ados connaissent les remous du remaniement familial. Il est étonnant de constater combien beaucoup font preuve de résilience, traversant les événements avec une relative tranquillité... ou indifférence !

> « Quand mes parents m'ont dit qu'ils allaient divorcer, raconte Julien, onze ans, ça m'a fait de la peine pour ma mère qui était très triste mais moi, je n'étais pas effondré. J'ai aussitôt demandé à mon père où il allait habiter parce que je n'avais pas envie de faire de longs trajets de bus pour aller à l'école. Mais à part ça... la vie n'a pas beaucoup changé pour mon frère et moi. Je savais à quoi m'attendre : tous mes copains ont des parents divorcés ! »

Toutefois, certains enfants donnent l'impression de traverser la tempête avec un grand détachement, qui rassure à tort les parents : « Tout va bien ! » semble dire l'enfant à travers sa troublante sérénité. « Ne vous en faites pas pour moi, ça va très bien... » Cette apparente quiétude est souvent une forme de déni de la situation de souffrance dans laquelle il se trouve. C'est une façon de s'en protéger, mais elle n'est pas efficace psychiquement. Cette attitude de déni contraint l'enfant à étouffer en lui les émotions (tristesse, culpabilité, peur...) qu'il est pourtant indispensable qu'il extériorise. Dans le cas contraire, ces émotions risquent de s'enkyster en lui et de resurgir plus tard. Face à un tel enfant, il est de la responsabilité de l'adulte de faire en sorte qu'il ne s'enferme pas dans le déni de son ressenti. Plus l'enfant se montre sage ou tranquille, plus il a besoin d'être sollicité dans l'expression active de ce qu'il éprouve. Il le fera rarement de lui-même.

Entre neuf et douze ans (mais aussi plus tôt ou plus tard), l'enfant est particulièrement enclin à prendre sur lui des charges et des responsabilités qui ne sont pas en rapport avec son âge. Il agit en réponse à ce qu'il imagine être une demande non formulée de l'adulte. Ce dernier est submergé par de multiples contraintes et il se trouve rapidement débordé par cette nouvelle situation. L'enfant aura donc naturellement tendance à prendre à son compte une partie du fardeau parental, un rôle ou des responsabilités que personne pourtant ne lui demande explicitement d'assumer. Ainsi devient-il le « petit mari » de Maman qui la soutient émotionnellement, la « petite femme » de Papa qui doit veiller à son confort, etc. Il se pose inconsciemment en ami, amant, thérapeute, conseiller, confident du parent « délaissé » et se sent investi de l'écrasante responsabilité de lui venir en aide. La tâche est énorme : il va en effet se retrouver à assumer des situations bien au-delà de sa maturité intellectuelle et émotionnelle. Cela risque de créer en lui un stress ingérable. Il est clair qu'il ne peut pas « tenir » longtemps ainsi. Il ne peut qu'« échouer » dans son entreprise, car la barre est bien trop haute pour lui ! Cet échec influence l'estime qu'il a de lui-même : il a mis tout son cœur et il a pourtant « failli » ; il n'a pas été à la hauteur pour aider (voire « sauver ») Maman ou Papa. Il se sent incapable ou indigne de leur amour : c'est la porte ouverte au vécu dépressif.

S'il ne prend pas garde à ce que son enfant met en place, l'adulte peut trouver confortable ou rassurant un tel comportement : de fait, ça lui fait du bien d'être ainsi déchargé par son enfant d'une partie de son stress quotidien ! Mais il ne peut pas – plus précisément, il ne *doit* pas – laisser l'enfant s'enfermer dans un rôle qui, à terme, est extrêmement préjudiciable pour lui. L'enfant est avant tout un *enfant*, et il est de la responsabilité du parent d'exiger de lui uniquement ce qui correspond à son âge et à ses capacités.

Le divorce produit nécessairement une modification de la dynamique familiale et une nouvelle répartition des tâches au sein de la famille. C'est à l'adulte de faire preuve de discernement en attribuant à l'enfant un rôle et des responsabilités qu'il est capable d'assumer. L'adulte doit rassurer son enfant sur le fait qu'il est, en tant que grande personne, suffisamment solide pour faire face à tout ce qu'il y a à faire ; il ne s'effondrera pas (telle est la crainte de l'enfant : « Si je n'aide pas Maman ou Papa, elle/il va s'écrouler et je me retrouverai tout seul, en danger et sans protection ! »).

Dans un même registre, certains enfants adoptent à la maison une position d'autorité tout à fait inappropriée. Cela se produit plus particulièrement lorsque le parent qui a quitté le domicile était le détenteur de la « loi » (le père, le plus souvent). L'enfant s'approprie l'autorité familiale et le parent avec lequel il vit a du mal à faire valoir sa légitimité. Des conflits risquent d'éclater (ce type de comportement se retrouve particulièrement chez l'adolescent). L'adulte doit impérativement fixer très clairement (et très tôt) les nouvelles règles en vigueur et les limites à ne pas dépasser, en distinguant calmement, mais fermement, ce qui est acceptable de ce qui ne l'est pas. L'enfant a besoin de savoir que le parent « assure » au niveau de l'autorité. Ça le rassure et le libère de la nécessité d'assumer ce rôle lui-même (et par défaut !).

L'adolescent de treize à dix-sept ans

Indépendamment de la séparation de ses parents, l'adolescent se trouve déjà dans un bouillonnement émotionnel. Il est à la recherche de sa propre identité d'adulte, tout en conservant de nombreux réflexes d'enfant. La rupture de ses parents ne vient qu'ajouter à la confusion de ses propres interrogations. Par exemple, alors qu'il commence à remettre en cause l'autorité des parents, le divorce vient apporter de l'eau à son moulin, dans le sens où il rend manifeste leur vulnérabilité et l'échec de leur infaillibilité.

En accord avec le mode de pensée de l'adolescence, ses jugements et ses prises de position prennent un caractère très tranché, au point qu'il fait preuve parfois d'une certaine intransigeance ou d'une relative inflexibilité... Il refuse les compromis, bien qu'ils soient nécessaires en période de rupture. Il affirme fortement son besoin d'authenticité et de transparence : confronté aux (inévitables) mesquineries ou coups bas de ses parents, il s'arroge le droit de les regarder de haut, avec une sorte de mépris blessé. Il reproche aussi à ses parents de faire preuve d'« égoïsme » en revendiquant leur propre bonheur aux dépens du sien. L'incompréhension mutuelle et les conflits découlent souvent de telles attitudes.

Ce que traduit l'adolescent est, en fait, sa profonde inquiétude à ne pas voir les adultes être à la hauteur de ses attentes. En effet, il attend que ces derniers lui offrent un environnement affectif et matériel stable, pour lui permettre de prendre son envol et d'explorer, en toute sécurité, son autonomie naissante. Le divorce de ses parents ne va pas dans ce sens.

À l'image des enfants des tranches d'âge précédentes, l'adolescent exprime aussi sa souffrance par des actes : il signifie la perte de son sentiment de sécurité dans son foyer quand il disparaît de la maison pour passer le plus clair de son temps en compagnie de ses « pairs ». Il parle de sa peine quand il tente de l'apaiser par des excès d'alcool (voire de drogue...) ou dans des errances sexuelles qui alarment à juste raison ses parents. Il manifeste son fond dépressif lorsqu'il commence à sécher les cours ou que ses résultats scolaires se dégradent. Il exprime son inquiétude vis-à-vis des capacités de son parent à les sortir de la précarité de leur situation en se montrant insolent, provocateur ou rebelle à son autorité. Mais, aussi rejetant et difficile à contenir que puisse être l'adolescent, il ne fait qu'exprimer son mal-être et son besoin viscéral d'être rassuré sur le fait que la vie à la maison est sous contrôle. Il est soulagé lorsque son parent est capable de poser des limites à ses débordements, même s'il rue dans les brancards à la moindre contrariété. Il a besoin de constater que l'adulte reste garant d'un environnement familial cadré, aux frontières clairement définies. Là réside sa sécurité, et c'est dans la rigidité (apparente) que son parent est obligé d'adopter à son égard que se trouvent les garde-fous qui l'apaisent.

Parallèlement à ces difficultés, l'adolescent peut déployer des trésors de tendresse, de sagesse et d'intelligence s'il a en face de lui des adultes capables de lui faire confiance. L'ado a besoin d'être explicitement sollicité ; la confiance qu'on lui accorde doit être tangible. Il sera alors reconnaissant de se voir attribuer une place et des responsabilités : prendre soin de ses petits frères et sœurs en attendant le retour du travail de son parent, participer aux tâches ménagères, devenir autonome dans ses déplacements.

Sa maturité affective lui permet d'appréhender la souffrance de ses parents. Il est capable de faire preuve d'une très grande compassion et d'une compréhension qui laisse ses parents stupéfaits face à tant de maturité ! Il peut montrer une finesse psychologique qui étonne et émeut son parent. Mais comme cela a été souligné précédemment, il faut à tout prix lui épargner l'impression qu'il lui faut prendre en charge son parent, émotionnellement et affectivement. Il a sa vie à construire ; il ne doit pas être entravé dans son essor, sous prétexte qu'il a un adulte à soutenir. S'il reçoit de ses parents la stabilité, le soutien inconditionnel et le respect de sa personne en devenir, l'adolescent est capable de donner sans compter et de traverser sans trop de heurts les bouleversements de la séparation.

Communiquer avec le jeune enfant

Comment parler à son enfant de la séparation ? Que peut-on lui dire ? Ces questions que tout parent se pose demandent à être abordées avec soin. Car les réponses qu'on apporte à l'enfant ont un impact déterminant sur la qualité de son ajustement émotionnel après la rupture parentale.

Lui dire la vérité

Quel que soit son âge, l'enfant est capable de tout comprendre, dans la mesure où on lui parle en utilisant des mots simples, en accord avec son niveau de compréhension. Il sera toujours disponible si on vient à lui avec honnêteté et franchise.

Il est faux de penser qu'un jeune enfant ne comprendra rien à la situation (et donc n'en souffrira pas), si on lui ment ou si on lui cache une partie de la vérité. Il est extrêmement intuitif et percevra, au-delà des mots, que quelque chose d'inquiétant se trame dans son dos. Comme on l'a vu, si les parents le maintiennent dans l'ignorance « pour le protéger », il se sentira en grande insécurité et risquera d'imaginer le pire. Il transformera tout ce qu'on ne lui dit pas en catastrophes potentielles et cela ne fera qu'ajouter à son inquiétude. Les adultes pensent que certains « petits mensonges » sont nécessaires pour amener les choses en douceur. C'est acceptable s'ils aident finalement à dire la vérité. Dans le cas contraire, une brèche se crée entre ce qu'on dit à l'enfant et ce qu'il voit de la situation familiale, et il n'a pas les moyens de la comprendre ni de lui donner sens.

Quel que soit son âge, l'enfant a besoin que son parent lui donne une perception claire des événements en cours. Pour celui/celle qui a sa garde, il est bénéfique de faire régulièrement le point avec lui. Il n'y a rien de pire pour lui qu'un parent qui ne dit, ne demande rien et s'épuise à tout mener de front dans un silence désespéré. Cela transmet une impression de grande précarité et crée un flou angoissant pour l'enfant qui ne sait pas quelle attitude adopter, puisqu'on ne partage rien avec lui.

Cependant, s'il est important d'établir une communication ouverte avec son enfant, il faut faire preuve de discernement et ne pas lui infliger le récit de tout ce qui se passe au cours du processus de séparation (notamment lors des démarches légales). Connaître par le menu les conflits avec son autre parent sur le montant de la pension alimentaire, la liste des maîtresses du père au cours du mariage, les coups bas de l'un ou l'autre, la détresse extrême dans laquelle on se trouve, etc., ne lui est d'aucune utilité, et ne pourra que l'inquiéter davantage. Il faut l'en préserver. Le parent doit trouver des *adultes* auprès de qui se confier.

Lui dire qu'il est normal de ressentir ce qu'il ressent

Le jeune enfant a parfois des difficultés à exprimer ses besoins spontanément. C'est à l'adulte d'aller au-devant de lui, de l'inviter à nommer ce qu'il ressent et de lui faire passer le message qu'il est normal d'éprouver toutes sortes d'émotions et de sentiments. Il a le droit de les exprimer, n'a pas à les cacher. On peut l'aider en lui proposant des jeux ou des dessins où il mettra en scène ce que se passe dans la famille. Ses productions seront certainement révélatrices de ses soucis et de ses interrogations et serviront de point de départ au dialogue. Cette démarche suppose un peu de disponibilité de la part du parent. Elle implique de prendre le temps nécessaire pour montrer à l'enfant qu'on se rend vraiment disponible à lui. Cet espace de parole et de partage ne doit pas s'ouvrir une fois de temps en temps ; il n'a de sens que si on le répète fréquemment, au fil du temps, avant, pendant et après la séparation. C'est grâce à tous les petits moments d'intimité que va se construire l'avenir. Si on est attentif, on se rendra compte que son enfant a tant de choses à dire, tant d'émotions ou de sentiments à exprimer et tant de choses à comprendre !

Le parent doit faire l'effort de se mettre à la place de son enfant pour tenter de comprendre pourquoi il pense et agit de telle ou telle façon. Cette attitude s'appelle l'empathie. Elle consiste à voir la situation avec les yeux de l'enfant et à s'approcher au plus près de ce qui le tracasse. C'est une bonne façon de trouver les justes réponses à ses interrogations. Enfin, il faut bien comprendre que l'enfant n'occupera que l'espace qu'on lui laissera. On doit donc apprendre à le laisser parler, sans chercher à l'interrompre à tout bout de champ pour le rassurer avec des phrases toutes faites. Cette réassurance viendra seulement dans un deuxième temps, une fois qu'il aura vraiment pu dire ce qu'il a sur le cœur.

Le rassurer

La réassurance n'est pas un vain mot. Aux yeux du jeune enfant, le parent est la seule personne qui ait le pouvoir de l'apaiser : « Si Papa ou Maman le dit, c'est que c'est vrai ! » Mais sur quoi a-t-il besoin d'être rassuré ? Sur tout ou presque, sans pour autant lui dissimuler les difficultés présentes ou à venir.

Ainsi, même si cela semble une évidence, l'enfant a besoin d'entendre qu'il va continuer à être aimé de ses deux parents, même si l'un d'eux vit ailleurs. Il pourra toujours compter sur leur amour, quelles que soient les circonstances. Le jeune enfant doit être rassuré sur le fait que l'amour d'un parent ne s'arrête jamais, contrairement à celui qui existe entre deux adultes. De même, il a besoin d'aimer ses deux parents, sans se sentir coupable vis-à-vis de l'un ou de l'autre. Le parent qui a la garde doit lui permettre de maintenir un lien privilégié avec son autre parent. Hormis certains cas particuliers, c'est un abus du droit de garde que de faire obstacle à ce droit fondamental : il n'y a rien de plus dramatique que de priver un enfant d'une telle relation, au nom d'une quelconque vengeance ou méfiance. L'enfant est la première personne à en pâtir. Même si on éprouve la haine la plus profonde pour son conjoint, on n'a pas à décider, de façon unilatérale, qu'il doit en être de même pour l'enfant. Il doit pouvoir continuer à communiquer avec son parent, sans que personne ne porte de jugement sur l'opportunité de cet amour. Cela n'appartient qu'à lui.

Les jeunes enfants ont tendance à croire que leurs parents se séparent à cause d'eux. C'est une conséquence de la pensée magique que nous avons examinée précédemment. Il en résulte un puissant sentiment de culpabilité qu'il est indispensable de désamorcer, en affirmant (voire en répétant) qu'il n'est en rien responsable de la séparation. C'est une décision d'adultes, dans laquelle l'enfant n'intervient en aucune façon ; son comportement non plus n'a pas contribué à la rupture.

Comme l'enfant n'exprimera jamais ouvertement sa culpabilité, il est recommandé de prendre les devants et de lui signifier clairement sa non-responsabilité. On prendra soin de le faire « légèrement », sans une intensité particulière qui risquerait de dramatiser quelque chose qui n'a pas besoin de l'être.

Il faut aussi rassurer le jeune enfant sur sa sécurité matérielle : le divorce de ses parents ne va pas la remettre fondamentalement en question. Il y aura toujours assez d'argent à la maison pour s'habiller et se nourrir ; il ne va pas être obligé de quitter l'école pour travailler et gagner de l'argent. Cela dit, que le divorce induise une baisse de niveau de vie est une réalité qu'il est inutile d'essayer de cacher. Vouloir prétendre que tout va bien financièrement, quand manifestement ce n'est pas le cas, risque de créer chez l'enfant plus de peur que de réassurance. La vérité ne sera pas terrifiante s'il sent, par l'attitude de son parent, que la situation est difficile, mais qu'il en garde le contrôle.

L'enfant doit aussi connaître les conséquences concrètes de la séparation. Va-t-il changer d'école et perdre tous ses copains ? Quel est le système de garde qui a été décidé : une garde alternée ? Une visite un week-end sur deux et la moitié des vacances scolaires ? Dans quelle maison va-t-il habiter et avec quel parent ? Où va vivre le parent qui n'a pas sa garde ? Pourra-t-il aller le voir ? Il faut s'efforcer de lui apporter les réponses les plus précises et les plus fiables possible. Lorsqu'on n'a pas encore de réponse claire, il est tout aussi important de le lui dire, en ajoutant qu'on cherche activement des solutions.

L'enfant s'inquiète également pour ses parents. Il les voit tristes, désemparés, frustrés et fatigués. Il apprend qu'ils ne sont pas invulnérables. Pourtant, il ne faut pas s'inquiéter outre mesure : son équilibre ne sera pas détruit à tout jamais s'il voit ses parents dans une relative détresse. Mais il est important de ne pas s'en tenir là et de le rassurer sur le fait que cet état n'est que temporaire. Il est normal de ressentir cela au cours d'un divorce. Il n'a rien à craindre pour eux. Ils vont tout faire pour améliorer la situation. On veillera toujours à lui transmettre l'idée qu'on reste très solide (sous-entendu « pour continuer à prendre soin de lui ») malgré les apparences.

L'enfant ne gagne rien à être constamment préservé de tout ce qui se passe. En effet, c'est aussi en se confrontant aux problèmes actuels qu'il apprend à se construire et qu'il pourra affronter au mieux les inévitables épreuves de sa vie d'adulte.

Enfin, si on a l'impression de mentir à son enfant quand on lui dit que tout va bien, c'est peut-être le signe qu'on a besoin soi-même de se faire aider car on est au bout du rouleau.

Être un parent divorcé

> « Lors d'un divorce, explique Étienne, on divorce de son épouse, mais on divorce aussi de ses enfants. Le lien avec eux est modifié à tout jamais, même si je fais tout pour minimiser les conséquences de notre séparation. »

Si se séparer de son conjoint permet de tirer un trait sur sa vie conjugale, il n'en va pas de même pour sa vie de parent. Dans les premiers temps de la séparation, faire la part des choses n'est jamais très facile. Considérer son ex-conjoint comme un mauvais partenaire est une chose, en faire obligatoirement un mauvais parent en est une autre.

Quoi qu'il en soit, l'enfant ne devrait jamais être placé en position d'arbitre. Jamais un des parents ne devrait faire pression sur lui pour le rallier à sa cause. Cette situation créerait en lui un inextricable conflit de loyauté : *qui que soit son autre parent*, il l'aime. S'il se rallie à l'un, cela équivaut à trahir l'autre ! Faire un tel choix est impossible pour lui !

Même si on n'en pense pas moins, il est préférable que

l'enfant n'entende pas de violentes critiques au sujet de son autre parent : insulter l'autre parent fait violence à 50 % de ce qui constitue l'enfant ! Il porte en lui son autre parent et les insultes adressés à celui-ci se déposent également dans l'enfant, comme si elles lui étaient directement adressées ! De même, il ne doit pas non plus être découragé ni rendu coupable s'il veut passer du temps avec lui ; il ne doit pas être culpabilisé d'aimer son parent et de rechercher sa compagnie, sous prétexte que son autre parent le déteste aujourd'hui. Si, par hasard, on s'est emporté en sa présence, rien n'est trop grave si on prend le temps, une fois calmé, de revenir sur cet épisode. On lui expliquera qu'on était très en colère et que ce qu'on a pu dire n'enlève rien à l'amour qu'il a le droit de porter à son parent. Ce sont des problèmes de grandes personnes, pas les siens.

La culpabilité du parent

Dans le cas d'un parent engagé dans le processus de séparation, la culpabilité se cristallise autour du mal qu'on a l'impression de faire à son enfant. C'est inévitable. Tous les parents sont fabriqués comme ça ! Tout dépend alors de ce qu'on fait de cette culpabilité : elle peut être tout aussi bien un facteur de croissance et de saine remise en question qu'un fardeau écrasant qui empêche toute évolution.

• La culpabilité « constructive » est un ressenti qui incite à regarder en face les difficultés de son enfant, afin d'identifier sa part de responsabilité, en tant que parent, dans la souffrance qu'il manifeste. On essaie d'adopter une attitude plus adaptée, après avoir reconnu, par exemple, qu'on ne lui a pas accordé assez d'attention (parce que, soi-même, on était dépassé par les événements), qu'on a négligé ses besoins, qu'on n'a eu ni la patience, ni le temps, ni l'envie de lui parler, qu'on l'a laissé dans sa tristesse, sans aller à sa rencontre. Poussé par l'inconfortable aiguillon de la culpabilité, on tente aujourd'hui de rectifier le tir et d'assumer son rôle du mieux qu'on le peut.

• La culpabilité « destructrice » n'induit pas cette capacité à rebondir sur les erreurs du passé. Elle inhibe toute réponse positive. Se sentant mis en défaut car son enfant ne va pas bien, on se considère comme un mauvais parent. On se reproche de ne pas être « parfait », alors qu'il est totalement illusoire d'espérer accomplir un parcours sans faute dans l'éducation d'un enfant. On place la barre bien trop haut, or c'est la meilleure façon de se mettre en situation d'échec – *aucun* parent ne peut tenir cette position. Cet idéal de perfection n'est pas seulement vain, il est également préjudiciable, dans la mesure où il enseigne implicitement à l'enfant que l'erreur est inacceptable, alors qu'elle n'est qu'humaine. Ce n'est pas le lieu ici pour analyser ce type de comportement, mais il faut savoir qu'il renvoie très souvent à des blessures narcissiques du parent subies dans sa propre enfance ; il repose sur une image de soi dévalorisée.

Le parent tente parfois de se débarrasser de sa culpabilité en projetant son malaise vers l'extérieur, sous forme, par exemple, de colère dirigée contre l'enfant ou son ex-conjoint. Il peut aussi se comporter de façon trop laxiste vis-à-vis de son enfant, soit en ne lui mettant aucune limite (« Le pauvre chéri, argumente-t-il alors, je ne vais pas le gronder, alors qu'il souffre tant à cause de moi...), soit en lui accordant des « privilèges » inappropriés (« Je le vois si peu : les moments avec moi ne doivent être que du plaisir »). Cette extrême indulgence n'est pas bénéfique pour l'enfant car celui-ci perd le « cadrage » parental indispensable à son développement psychique. Au pis, il apprendra à manipuler son parent en jouant sur sa culpabilité.

L'adulte peut enfin évacuer la culpabilité, en la niant totalement. Il refuse de voir que l'enfant a le moindre problème : il « laisse courir », sans intervenir, alors que ce dernier est manifestement en souffrance. « Ça passera, il n'y a pas lieu de s'alarmer », se rassure-t-il, et l'enfant reste seul et sans secours...

Quand on a la garde de l'enfant

Si on se fie aux statistiques, dans l'immense majorité des cas, le parent auquel est confiée la garde de l'enfant est la mère ; mais ce rôle commence également à être attribué au père. La garde alternée devient également un mode très fréquent de garde des enfants. Ainsi, ce chapitre s'adresse à l'un ou l'autre des parents, sans distinction de sexe.

Élever seul(e) un (ou plusieurs) enfant(s) *est* difficile ! Même si on se débrouille de façon remarquable dans la gestion du quotidien, on doit néanmoins faire face à une somme d'obligations auparavant assumées par *deux* adultes, garde alternée ou pas ! Il en résulte immanquablement l'impression de ne jamais avoir assez de temps pour boucler la journée. Devant ce constat, on s'inquiète, car on redoute de passer sa vie à courir dans tous les sens, sans pouvoir s'arrêter ou penser un peu à soi.

Si on veut s'en sortir, il est sage d'accepter de se faire aider ! Il faut se méfier de soi-même : certains refusent de demander de l'aide, de crainte qu'autrui pense qu'ils n'« assurent » pas dans leur fonction parentale. Ils ont besoin de prouver (surtout à eux-mêmes) qu'ils sont à la hauteur de la situation et que le juge a eu raison de leur confier la garde de l'enfant. On n'est pas un parent défaillant parce qu'on demande de l'aide ! Bien sûr, c'est une question de personnalité : certains ont toujours eu l'habitude de se débrouiller seuls ; ils continueront à le faire après la séparation et c'est très bien ainsi. En revanche, quand on sent qu'on est à deux doigts de craquer, il est indispensable de dépasser cette idée qu'on n'est pas une bonne mère ou un bon père si on sollicite autrui. Si on ne reconnaît pas ses limites, on risque de les dépasser et de s'écrouler d'épuisement. C'est là qu'on sera le parent « défaillant » : on ne pourra plus être disponible à son enfant.

De multiples aides et ressources existent, mais il faut faire une démarche pour y avoir accès. C'est une priorité à se fixer. On peut aussi puiser dans l'énorme réservoir des parents divorcés qui ont connu de l'intérieur ce que l'on vit soi-même aujourd'hui. On peut compter sur cette solidarité qui repose sur le vécu d'une expérience commune. Par ailleurs, si on ne s'en sort pas psychologiquement, il est utile d'envisager un soutien psychologique. Il ne s'agit pas ici d'une psychothérapie qui durerait des années, mais d'un suivi de quelques semaines ou de quelques mois pour faire le point. C'est se donner un lieu tranquille et neutre où parler de ses difficultés. C'est une excellente soupape de sécurité quand on a l'impression de perdre pied.

Le parent a également la responsabilité de créer un foyer sûr et chaleureux où l'enfant trouve une assise stable à son développement. Il a besoin d'un environnement sécurisant chez ses deux parents : il est important que chacun aménage chez lui un espace spécifiquement destiné à l'enfant, une sorte de territoire privilégié où celui-ci peut construire ses repères – une vraie chambre à coucher (qu'il a aidé à décorer) avec une partie de ses jouets, une place bien identifiée dans la salle de bains (ses serviettes, sa brosse à dents), des couverts lui appartenant dans la cuisine, ses vidéos préférées, etc. Sans cela, l'enfant ne trouvera pas chez son autre parent les zones de sécurité dont il a besoin. Avec le temps, il pourrait refuser d'aller chez lui pour les week-ends ou les vacances car il ne s'y retrouverait pas ; il n'aurait pas l'impression d'être accueilli ni d'avoir sa place. Si le parent ne comprenait pas cela, il interpréterait à tort le refus de l'enfant de venir chez lui comme un rejet.

Prendre soin de son enfant implique qu'on prenne aussi soin de soi : psychologiquement, physiquement, socialement, affectivement, intellectuellement. On est tellement pris dans le tourbillon des tâches du quotidien qu'on perd rapidement de vue le fait qu'on est une personne qui a des besoins et des envies propres. On n'est pas seulement un parent ! Prendre soin de soi évite d'en vouloir, consciemment ou non, à son enfant de nous empêcher de vivre notre vie (ce qui peut se traduire par une certaine agressivité ou irritabilité à son égard). L'enfant est soulagé lorsqu'il voit son parent prendre soin de lui ; il se sent ainsi moins coupable de vivre sa propre vie. Il sait que son parent ne s'épuise pas à la tâche « à cause » de lui.

Si le parent n'a pas la garde de son enfant

Trouver sa place

Très souvent, c'est le père qui se retrouve dans cette situation, quand une garde alternée n'a pas été choisie. Cette nouvelle réalité n'est pas sans incidence sur le regard que le père porte sur lui-même et sur le rôle qu'il doit et veut tenir. Ainsi, quand on écoute certains pères, on perçoit qu'ils ont tendance à se considérer comme des « *outsiders* » dans la vie de leur enfant, presque comme s'ils avaient été mis sur la touche. Pour certains, cela est beaucoup plus douloureux que la séparation elle-même.

Certains pères peuvent penser que leur rôle de parent devient secondaire, maintenant qu'ils ne vivent plus avec leur enfant. Au pire, ils s'autosabotent et se retirent progressivement de la vie de leur enfant, convaincus – à tort ! – qu'ils ne servent plus à grand-chose. Il n'y a pas de plus grande erreur, tant pour l'enfant que pour son père. L'enfant a d'autant plus besoin de son parent qu'il le voit peu désormais ! Il peut associer le départ de son père à la perte de son amour. C'est dire toute l'importance de lui répéter (et de lui signifier concrètement) qu'il n'en est pas du tout ainsi.

Au-delà du cliché du « macho », n'ayant aucun intérêt pour l'éducation des enfants, apparaît aujourd'hui une image, plus conforme à la réalité du statut de père : un homme attentif et sensible, capable et soucieux de prendre soin de son enfant. Les conditionnements sociaux qui définissent les rôles de chaque sexe sont néanmoins extrêmement puissants et beaucoup d'hommes se croient, de fait, incompétents dans le domaine de l'enfance. Ils délèguent automatiquement cette tâche à la mère, sans expérimenter ce dont ils sont capables. Cependant, lors de conversations plus intimes, ces mêmes hommes confient avec émotion combien ils se sentent privés de la présence quotidienne de leur enfant. La perte de cette relation au jour le jour est vécue comme une immense souffrance, même s'ils ne le montrent pas. À cela peut se rajouter la tristesse de voir un autre homme – le nouveau compagnon de leur ex-épouse – prendre soin de ses propres enfants. Beaucoup de pères s'inquiètent de la place et de l'ascendant que ce beau-père va prendre dans leurs vies. Si cette question vous préoccupe, je l'aborde dans mon ouvrage consacré à la famille recomposée, *Comment t'aimer, toi et tes enfants ?*

Après le divorce, le père doit se réapproprier son statut de père : il a besoin, avant toute chose, de se redonner à lui-même sa légitimité, avec tout ce que cela implique de joies et de contraintes. À l'issue de la séparation, certains pères prennent soudain conscience de l'importance de leur enfant dans leur vie, alors qu'autrefois cela allait de soi. Ils réalisent combien sa présence leur est précieuse et combien elle donne du sens à leur existence. L'enfant apparaît sous un jour nouveau et ce n'est pas sans susciter une certaine tristesse au regard du temps « perdu », quand on était aveugle à sa présence. Ce constat nourrit le désir d'approfondir la relation avec son enfant.

Mais comment être vraiment père, quand on voit son enfant un week-end tous les quinze jours et la moitié des vacances scolaires ?

La réponse à cette question est à la mesure du désir de faire vivre cette relation. Tout est à (ré)inventer pour garder le lien au quotidien (bien évidemment en fonction de l'âge de l'enfant) : les contacts réguliers par Skype ou FaceTime, les SMS tout au long de la journée, des appels réguliers… Tout dépend de la créativité et de l'énergie qu'on est prêt à y investir – et de la bonne volonté de la mère à lui laisser prendre cette place… Des milliers de pères sont là pour témoigner qu'une telle entreprise est possible, mais tous soulignent combien cette réussite est affaire de volonté, portée par le désir de jouer un rôle réel dans la vie de son enfant.

La culpabilité et les peurs du père

Le père (surtout s'il a quitté la maison) se sent souvent coupable vis-à-vis de son enfant. Il éprouve le besoin inconscient de se faire « pardonner ». Cette quête du pardon prend plusieurs formes. Elle se manifeste, par exemple, par une propension à couvrir l'enfant de cadeaux lors de ses visites. Cette attitude est à éviter car elle risque de fausser la relation. Avant la séparation, le père offrait-il, tous les jours, des cadeaux à son enfant ? Non. Alors ça n'a pas de sens de le faire aujourd'hui ! Ce comportement apaise peut-être la culpabilité du père, mais il n'apporte rien à l'enfant qui attend son parent sur un tout autre registre. Si les cadeaux sont une façon ponctuelle de montrer son amour, en faire une habitude est inadapté aux besoins de l'enfant. C'est dans son comportement qu'on doit faire passer le véritable message d'amour, pas dans le cadeau systématique !

> « J'avais tout ce que je voulais de mon père matériellement. J'étais pourri gâté quand je venais le voir, raconte un adulte dont les parents divorcèrent quand il avait dix ans. Mais il était incapable de me donner l'essentiel : du temps simplement passé ensemble, de l'écoute, de la tendresse... Je pense qu'il ne savait pas comment s'y prendre... »

Une des appréhensions d'un père lors des visites de son enfant est qu'il s'ennuie avec lui et que, finalement, il ne trouve plus d'intérêt à venir le voir. Ce véritable stress conduit certains pères à des excès : ils établissent un programme hyperchargé d'activités pour le week-end, s'irritent ou paniquent si l'enfant n'y adhère pas, et cette tension nerveuse se transmet à lui. Toutes les conditions sont réunies pour que le week-end se termine dans les cris et les larmes ! Le père en conclut qu'il n'est pas à la hauteur (ou pis, qu'il est un mauvais père : « Mon enfant n'est pas heureux quand il est avec moi ! »). Il ressort du week-end épuisé et encore plus angoissé à l'idée du prochain !

Recevoir son enfant n'est pas un examen de passage ! Cela ne détermine pas si on est ou non un bon parent. L'enfant ne juge pas les « performances » de son père. Il a juste le droit de ne pas avoir envie de faire ce que celui-ci a prévu ; il rechigne et fait sa mauvaise tête, mais ça ne doit en aucune façon être traduit comme un rejet ou un manque d'amour. L'enfant n'est là que dans son comportement d'enfant (il agit de la même manière avec sa mère !). Ce n'est pas parce qu'on ne le voit que tous les quinze jours que sa visite doit nécessairement être idyllique ! Elle sera... ce qu'elle sera.

Si on se sent vraiment dépassé par les événements et qu'on appréhende la venue de son enfant, il est bon de demander du renfort à son entourage, notamment féminin : mère, sœur, marraine, tante, amie peuvent aider à relativiser les inquiétudes légitimes du père et le conseiller sur l'organisation du week-end ou des vacances.

On doit prendre du recul et réévaluer ce que sont les vrais besoins de l'enfant lors de ses visites. Pourquoi seraient-ils aujourd'hui fondamentalement différents de ce qu'ils étaient autrefois ? Pourquoi devrait-on maintenant devenir uniquement un père de distractions et de loisirs, en laissant de côté tout ce que le rôle de père a de structurant (voire de contraignant) pour l'enfant ? Pourquoi ne trouverait-il pas chez son père le cadre et les limites dont il a besoin ? Cela ne nie en rien les possibilités de loisirs partagés ensemble. Si on s'en tient uniquement au rôle de « Papa-loisirs », on risque de devenir trop indulgent, voire laxiste, en accordant à l'enfant une liberté qui tranche radicalement avec son environnement quotidien. C'est une autre façon (inconsciente) de se faire pardonner ou de « gagner » l'amour de son enfant, en lui montrant « combien c'est bien chez Papa ». En allant plus loin, n'y aurait-il pas là le désir d'être un « super-Papa » en contraste avec son ex-épouse, dans une compétition qui n'ose pas dire son nom ?

L'enfant veut un père dans tout ce qu'il a de plus banal, c'est-à-dire un père présent, attentif, affectueux, qui ne cherche pas à en faire trop ; un père simple et à l'écoute, qui exige que les devoirs soient faits avant la fin du week-end et qui n'autorise pas des couchers trop tardifs. C'est un vrai père au quotidien (même durant un week-end) qui constitue un puissant support d'identification. Voilà ce que demande véritablement l'enfant.

La rupture de contact

On ne peut pas clore ce chapitre sans évoquer les difficultés qui découlent du non-respect du droit de visite. Dans ce cas de figure, le père (car il s'agit de lui, le plus souvent) se voit refuser l'accès à son enfant, soit directement par la mère elle-même, soit indirectement, quand le conditionnement psychologique qu'elle exerce sur l'enfant est tel que c'est lui qui coupe les ponts avec son père. La mère présente le père comme un être odieux, violent, avare, indifférent..., elle culpabilise l'enfant dans l'amour qu'il porte à son père, elle le menace de sa colère s'il la trahit, etc. Dans les cas extrêmes, l'enfant se pose en ennemi vis-à-vis de son père, alors que, bien souvent, il n'est que le jouet inconscient de la colère maternelle. Ces situations n'engendrent que haine et détresse et débouchent souvent sur d'interminables et coûteuses démarches juridiques.

Malheureusement, il n'y a pas de solutions toutes faites pour ce type de situation. La triste réalité est que parfois, en dépit de ses efforts et des recours légaux, le père se retrouve complètement coupé de son enfant.

En premier lieu, céder à la violence et au désir de vengeance ne produira que davantage de haine de la part de l'ex-épouse, et risque en plus de durcir ses positions. Il est indispensable que le père trouve un moyen de « ventiler » ces émotions. Aller voir un psy est à envisager ; évidemment, ce n'est pas lui qui permettra le retour de l'enfant, mais il aidera à évacuer le trop-plein de colère et de désespoir qui, dans de telles circonstances, peut obstruer le jugement sur ce qu'il convient de faire.

Il faut maintenir le contact avec l'enfant coûte que coûte (si celui-ci est d'accord) : par téléphone, si la mère le permet, par courrier, e-mail, vidéo… en lui parlant de sa vie, en lui signifiant, encore et encore, l'amour qu'on lui porte, malgré le silence ou la distance. Les ex-beaux-parents peuvent être de précieux intermédiaires, si on a conservé avec eux de bonnes relations.

Mais il faut aussi prendre soin de sa propre vie, ne pas la détruire en s'épuisant à vouloir rétablir un lien qui, de toute façon, ne peut pas être rétabli pour le moment. La patience et le temps apporteront un jour une réponse ; aucune situation n'est immuable dans le temps. L'enfant va grandir, s'affranchir de l'autorité maternelle, essayer de comprendre ce qui s'est passé. Sa mère va elle aussi évoluer : quand il y aura moins de souffrance dans sa vie, elle aura peut-être aussi moins de haine.

Un jour ou l'autre, l'enfant reviendra. Dans quelques mois, dans quelques années peut-être…, mais si le père reste toujours accessible et si l'enfant sait toujours comment le joindre, il reviendra. Tous deux reprendront le chemin d'amour là où il s'est trouvé un jour interrompu. Il se peut qu'on ait derrière soi des années de silence et de conflits avec son enfant. Quelle que soit la situation, il est toujours possible de rétablir le lien avec lui. Malheureusement, il ne s'agit pas d'une certitude : parfois, le passif entre le père et l'enfant est si lourd, ou les conditions sont telles, que toute tentative de restauration de la communication échoue. On ne devrait pas baisser les bras tant qu'on n'a pas tout essayé pour rétablir le contact, même si cela paraît vain, au premier abord. On doit miser sur la capacité de l'enfant à entendre son parent, ainsi que sur son désir de lui pardonner (ou de se faire pardonner…). En dépit de tout, on doit miser sur le fait qu'il garde en lui la nostalgie d'un parent attentif, à l'écoute de ce qu'il est en tant que personne. Jamais l'enfant ne lâchera l'espoir d'une telle communication ; jamais il n'y renoncera définitivement, même si, consciemment, il affirme le contraire et fait preuve d'hostilité. C'est sur cette conviction qu'il faut fonder ses efforts pour renouer le lien, même s'ils restent aujourd'hui sans résultat.

La place des grands-parents

Les grands-parents sont les spectateurs impuissants des événements qui déchirent la famille. Certains prennent parti, d'autres préfèrent garder une distance relative, conscients que les fautes au sein du couple ne sont pas unilatérales. Une chose est sûre néanmoins : l'amour qu'ils portent à leurs petits-enfants est indépendant des remous familiaux.

En tant que grand-parent, on a le pouvoir de faire la différence dans la vie de l'enfant.

• Si l'enfant vit dans un environnement familial de tension ou de chaos, le domicile des grands-parents est parfois le seul endroit où règnent calme et sécurité. Le grand-parent peut être cette figure d'autorité stable et rassurante dont l'enfant a besoin, quand ses parents sont trop perturbés émotionnellement pour assumer ce rôle. Par ailleurs, l'enfant peut trouver chez eux les limites qui peuvent lui faire défaut chez l'un ou à l'autre de ses parents.

• Une des fonctions des grands-parents est de fabriquer de bons souvenirs ! Les week-ends et les vacances sont autant d'occasions de permettre à l'enfant de retrouver l'insouciance des jours heureux et de lui montrer que le bonheur est encore possible, en dépit des difficultés. Il sera très sensible aux récits du grand-parent qui lui fera part des instants difficiles de son existence et des ressources qu'il a mobilisées pour s'en sortir. En outre, certaines valeurs importantes pour son avenir lui seront transmises, en un temps où ses parents n'ont pas la sérénité nécessaire pour faire de même.

• Même si cela s'avère difficile, il est sage que le grand-parent s'efforce de conserver une attitude la plus neutre possible vis-à-vis de son ex-gendre ou belle-fille s'il est en conflit avec lui/elle, en gardant à l'esprit l'amour et le souci de loyauté de l'enfant pour ses deux parents. Les critiques formulées devant l'enfant ou le sabotage des arrangements mis en place par l'autre parent sont à proscrire. Il y a déjà suffisamment de souffrance entre les deux conjoints, inutile d'en rajouter ! L'objectif doit rester le bien-être de l'enfant et le respect de son attachement à l'un et à l'autre de ses parents.

Au terme de cette exploration de l'univers de l'enfant lors de la séparation de ses parents, que reste-t-il d'essentiel à retenir ?

Le divorce des parents n'a pas besoin d'être un champ de bataille pour l'enfant. Certes, la séparation de ses parents est toujours un moment douloureux, mais il est faux de croire qu'il en sortira obligatoirement blessé à tout jamais. Avec un recul de plusieurs décennies, on sait aujourd'hui que ce n'est pas du tout le cas.

Tout enfant croît et développe son potentiel dans un environnement où il trouve amour, confiance et sécurité. Or ces conditions ne dépendent ni du confort matériel, ni du niveau social, ni du statut conjugal de ses parents. Elles se trouvent réunies lorsque les parents mettent en commun leur intelligence et leur sensibilité pour répondre aux besoins fondamentaux de leur enfant.

Par leur façon de mener le processus de séparation dans le respect l'un de l'autre, ils enseignent à leur enfant des bases saines qui lui permettront de faire face, du mieux possible, aux inévitables crises de sa future vie d'adulte.

5.

Quatrième étape : un temps de convalescence et de réflexion

« Contre toute attente, j'ai progressivement retrouvé la paix en moi, raconte Céline. Pendant deux ans, j'avais l'impression d'être constamment stressée : je ne me croyais pas capable d'assumer seule les enfants, je me sentais submergée par un flot de nouvelles responsabilités… Il n'y avait aucune place pour moi ! Je n'existais plus !.. Et finalement, je me suis rendu compte que j'arrivais à tout gérer. Bon, ce n'est pas encore optimal, mais je me débrouille vraiment bien ; les enfants sont heureux ; je me sens de mieux en mieux et je commence à avoir à nouveau envie d'une jolie histoire d'amour… Vous voyez : tout ce qui s'est passé ne m'a même pas échaudée !!! »

À l'aube de la quatrième étape du processus de séparation, on est encore fragile. Encore sous le choc du tumulte émotionnel des derniers mois, on constate néanmoins que la situation tend, peu à peu, à se stabiliser. Une période de convalescence s'amorce : l'épisode aigu est passé. Mais on en ressort épuisé. Cela est d'autant plus vrai si on a été quitté et que l'on ne souhaitait pas cette séparation. Néanmoins, même si on est celui ou celle qui a initié cette rupture, il n'en reste pas moins qu'on est touché émotionnellement, plus parfois qu'on veut bien se le reconnaître à soi-même. Il est possible d'avoir réinvesti une autre relation d'amour où on se sente bien, pourtant il n'est pas incompatible – ni anormal – de continuer à sentir en soi les mouvements émotionnels de la période de tension que l'on vient de traverser. Ce nouveau lien d'amour aide considérablement à repartir du bon pied, mais il faut rester vigilant aux parties intimes de soi qui ont été blessées et qui sont encore en voie de cicatrisation.

Ainsi, qui que l'on soit, on a besoin de récupérer avant de pouvoir réinvestir le monde. L'avenir commence tout doucement à s'ouvrir devant soi, mais il est encore un peu trop tôt pour s'y élancer en toute confiance : ce sera la cinquième et dernière étape. Il est nécessaire, pour le moment, de consolider ses arrières. Encore incrédule, on commence pourtant à apercevoir une faible lueur tout au bout du tunnel.

Cette quatrième étape est un temps de réflexion et de reconstruction qui survient généralement après la première année de séparation et qui dure entre un an et un an et demi. Durant cette période, on va être plus particulièrement sollicité dans quatre domaines différents, qui marquent une transition par rapport à ce qu'on a vécu jusqu'à présent.

Les problèmes pratiques et la nouvelle gestion du quotidien

Après un temps d'ajustement, un père reçoit enfin, pour la première fois, ses enfants dans son nouvel appartement... Il réalise soudain qu'il ne sait pas quoi leur faire à manger pour le week-end : MacDonald's midi et soir, ce n'est pas raisonnable ; il faut bel et bien apprendre à se mettre aux fourneaux !

Alors que, pendant des années, les chemises apparaissaient

comme par magie dans le dressing, propres et repassées, un homme se retrouve, un lundi matin, sans aucune chemise pour aller travailler : elles sont accumulées dans un coin de la chambre et il ne sait même pas quel programme utiliser pour les laver en machine !

La voiture ne démarre plus et cette jeune femme n'a pas la moindre idée de ce qu'il y a sous le capot. Elle se retrouve aujourd'hui sur le bas-côté de la route en se demandant, les larmes aux yeux, comment procéder pour se faire dépanner...

On a l'impression qu'on va craquer : il faut attendre le plombier car l'évier fuit, mais la petite dernière va être en retard à l'école et on doit se présenter dans une heure à son premier entretien d'embauche...

On s'attendait à ce que ce soit difficile, mais le quotidien s'avère beaucoup plus envahissant qu'on ne l'avait imaginé ! Sans avoir rien vu venir, on se retrouve soudain submergé par une infinité de tâches et d'obligations pour lesquelles on pense ne pas avoir les compétences nécessaires. Élever seul de jeunes enfants, par exemple, est une source majeure de stress : on prend conscience de leur plus grande dépendance physique et psychologique, maintenant qu'on est le seul parent référent. On est seul à prendre des décisions importantes les concernant et parfois on doute de la pertinence de ses choix. On dispose de beaucoup moins de temps pour sa vie sociale et pour ses loisirs.

Ce rétrécissement du temps et cette nouvelle charge de travail sont les conséquences directes de la séparation. La répartition des tâches qui se faisait spontanément au sein du couple n'existe plus et on doit apprendre à assumer seul ce qui n'était pas de son ressort. Ce constat n'est pas neutre : il est reconnu que la capacité à se confronter (ou non) aux impératifs du quotidien après la séparation a un impact déterminant sur l'ajustement émotionnel. Ainsi, au lieu de traiter les contingences matérielles avec un dédain irrité, il est plus sage de se donner au plus vite les moyens d'y faire face efficacement. C'est à ce prix qu'on déterminera la durée de sa convalescence et son retour à une vie « normale ».

Les soucis financiers contribuent au stress de la séparation. Ils peuvent très sérieusement affecter la qualité de vie au quotidien. Des études américaines montrent que les femmes (notamment les épouses n'ayant pas travaillé depuis plusieurs années) sont les premières concernées par ce type de préoccupations. Dans la majorité des cas, elles connaissent une baisse significative de leur niveau de vie, de 10 à 15 % de moins que leur niveau antérieur. À cela s'ajoute la peur de ne pas pouvoir prétendre à une retraite satisfaisante, du fait que certaines d'entre elles n'ont pas assez travaillé dans le passé pour obtenir les points suffisants. Hormis le fait qu'il coûte plus cher de vivre seul qu'à deux, le challenge est de trouver des revenus suffisants, d'apprendre à gérer un budget, tout en adaptant son train de vie à cette nouvelle réalité économique. Cette restriction n'est pas sans conséquence sur l'ajustement émotionnel, puisque la perte d'un certain statut social peut renforcer la baisse de confiance et d'estime de soi. En revanche, il est prouvé que les épouses qui s'en sortent le mieux émotionnellement sont celles qui, avant la séparation, avaient déjà une sécurité professionnelle et/ou financière propre.

Se faire aider

« Je croyais que je pourrais me débrouiller seule sans rien demander à autrui, se souvient Pascale. Quelle erreur ! Je me suis rapidement retrouvé face à un tsunami de choses à gérer et j'ai rapidement compris qu'il était vital que je demande de l'aide. J'étais réticente au début parce que je voulais démontrer que j'"assurais" parfaitement toute seule, mais j'ai vite réalisé que c'était de l'amour-propre mal placé ! »

À la fin d'une histoire d'amour, on se trouve rapidement confronté à ses propres limites. C'est normal, c'est humain, et cela implique de remettre en question certaines attitudes. Se dire : « Je me débrouillerai tout(e) seul(e) » peut très vite s'avérer vain devant l'ampleur du travail à abattre. Or certains « bloquent » : ils ne tolèrent pas l'idée de demander de l'aide à qui que ce soit – comme Pascale initialement. Ils en font une question d'amour-propre ; il n'est pas rare de découvrir, derrière le refus de l'aide d'autrui, un orgueil qui dessert cruellement ceux qui le nourrissent. D'autres n'osent pas solliciter autrui, par timidité, par honte de leur statut de célibataire, par peur de déranger ou d'être rejetés. D'autres enfin ont la simplicité et l'humilité d'admettre sereinement leurs limites et ils n'hésitent pas à solliciter l'aide dont ils ont besoin.

L'apprentissage de nouvelles compétences ne se fait pas du jour au lendemain. Il nécessite du temps et une disponibilité psychique qu'il était difficile d'avoir jusque-là. Maintenant que le plus gros de la vague émotionnelle est passé, on est plus à même de s'y consacrer. Il faut être patient et indulgent vis-à-vis de soi, veiller à ne pas être trop exigeant. Se demander trop et trop vite est la meilleure manière d'échouer. Personne ne nous demande d'être parfaits (même si, inconsciemment, c'est l'image qu'on souhaite donner à soi-même et à autrui !). On doit apprendre à se traiter avec douceur, en ne se fixant pas d'objectifs inaccessibles.

Dans un an ou deux, on fera le constat que sa vie fonctionne mieux. Il faut s'enraciner dans la conviction que, quelles que soient les difficultés du présent, elles ne vont pas durer. Peu importe de là où on part, on va s'en sortir. Des milliers de personnes sont là pour en témoigner ! Dès maintenant, on peut se donner les moyens de s'affranchir du passé et d'accroître sa confiance en soi. Au fil du temps, on se rendra compte qu'on est capable d'accomplir beaucoup plus qu'on ne l'imaginait et on se surprendra à surmonter des obstacles qu'on jugeait infranchissables.

Prendre soin de soi

La quatrième étape du processus de séparation est un moment où on commence à retrouver le lien avec soi-même. Durant les derniers mois, on a eu l'impression de vivre constamment sur la brèche, à distance de soi, comme anesthésié. On prend conscience qu'on est, en fait, épuisé et on mesure combien il est temps de se (re)prendre en main.

Prendre soin de soi procède, avant tout, d'une décision qui relève de notre seule et unique responsabilité. Personne d'autre que nous ne peut la prendre, alors que, trop souvent, on s'attend à être pris en charge par autrui. Cette attitude passive n'est pas constructive, elle nie tout potentiel d'évolution : rien ne se passera si on ne met rien en œuvre.

Qu'est-ce que cela veut dire ?

Prendre soin de soi, c'est se donner du temps pour examiner ce que l'on souhaite faire, au seuil de cette nouvelle vie. Cela consiste à explorer ce qui nous est bénéfique, tout en identifiant ce qui nous est néfaste ou préjudiciable. C'est prendre en compte ses besoins et ses priorités.

Les limites qu'on rencontre sont souvent celles qu'on s'impose à soi-même, mais on doit aussi tenir compte de la réalité. On ne pourra évidemment pas réaliser son rêve de voyage au bout du monde si on a trois jeunes enfants à charge et un maigre salaire, ni changer radicalement d'orientation professionnelle alors qu'il faut payer les traites de la maison. Bien sûr. Mais l'enjeu de cette quatrième étape est de rechercher en soi et d'actualiser tout son potentiel de bonheur, un potentiel qui n'a pas encore été pleinement exploré. Cela peut commencer par quelque chose de très simple, dans quelque domaine que ce soit, et se déployer tranquillement, sans tambour ni trompette. Peu à peu, on s'ouvre à d'autres aspects de soi-même maintenus dans l'ombre depuis des années. On trouve une énergie qu'il est important de solliciter au cours de la quatrième étape car elle trouvera son plein essor dans la cinquième.

Prendre soin de soi, c'est apprendre à se faire du bien. Le stress des mois passés a fortement sollicité les capacités d'adaptation de l'organisme ; on en ressent encore l'impact. Il est donc essentiel de revenir aux « basiques » d'une bonne hygiène de vie : un sommeil de qualité, une bonne alimentation, un minimum d'exercice physique

On est parfois assailli par tant de soucis qu'on en perd le sommeil. Si les insomnies persistent, il est inutile de s'épuiser davantage : le recours à un traitement médicamenteux (allopathique ou homéopathique) est totalement justifié pendant quelque temps. Mais on doit éviter l'automédication, il faut consulter un médecin.

Dans un même ordre d'idées, il ne faut pas négliger son hygiène alimentaire. Les hommes surtout ont tendance à mal s'alimenter (*fast-food*, pizzas et autres plats cuisinés industriellement). On risque une surcharge de lipides et de glucides rapides, ainsi que certaines carences en vitamines et en oligo-éléments. À terme, c'est un facteur supplémentaire de stress et de perte globale d'énergie.

Un minimum d'activité physique fait partie de ce plan de prise en charge de soi : une heure de marche ou de piscine, une à deux fois par semaine ; un cours de gymnastique dans un club de sport... font du bien au corps (en permettant d'évacuer les tensions qui s'y accumulent) et à l'esprit. Il est prouvé qu'une activité sportive régulière est un moyen efficace de lutter contre l'anxiété et la dépression !

La qualité de vie passe aussi par l'environnement. Bien que cela paraisse secondaire, il est incontestable que le cadre de vie joue sur le moral. Concrètement, cela signifie qu'il faut accorder un minimum d'attention à sa maison ou à son appartement. On ne mesure pas assez l'impact psychique d'une pièce nue et sans chaleur, éclairée par une ampoule blafarde qui pend au plafond, lorsqu'on rentre chez soi, en plein hiver, épuisé par sa journée de travail. Si on ne se sent aucun talent pour la décoration, voilà une bonne occasion de solliciter l'aide d'autrui ! Ce souci du confort domestique est d'autant plus justifié si on reçoit ses enfants chez soi : ils ont besoin de se sentir en sécurité dans un environnement qui leur est, au début, étranger. Plus celui-ci sera accueillant, plus ils s'y sentiront à l'aise et auront le désir d'y revenir. Investir son lieu de vie est un véritable « soin » qu'on se prodigue à soi-même. C'est peut-être la première fois qu'on a la possibilité de se façonner un intérieur selon ce qu'on est vraiment, sans interférence avec les désirs de l'autre ! Quand on montre à autrui sa maison, on fait passer une multitude de messages sur soi. On montre une partie de qui on est. Or, même si ce n'est pas le propos pour le moment, il est clair qu'on sera amené, un jour ou l'autre, à inviter chez soi de nouveaux amis, voire de nouveaux partenaires de vie potentiels. Quelle image de soi a-t-on alors envie de donner ? C'est à nous de jouer !

La solitude

> Ça commence dès le matin, quand il est encore possible de croire à un mauvais rêve… Mais on ouvre les yeux et la place vide à ses côtés est comme un seau d'eau froide qui ramène à la réalité… La maison résonne d'un insupportable silence qu'il faut immédiatement neutraliser par de la musique ou le bruit de fond de la télévision : on veut entendre quelqu'un parler et ne pas penser… Dans la salle de bains, il n'y a plus rien, si ce n'est sa propre odeur, fade et terne, qui ne se mêle plus aux effluves d'eau de toilette de son compagnon… Au sortir de la douche, on se trouve nez à nez, dans le miroir, avec un corps qui n'a pas été touché depuis déjà trop longtemps… et on en crève…

Et c'est comme ça toute la journée : on se traîne la solitude accrochée au cœur, en tentant de faire bonne figure. On a envie de s'isoler mais, en même temps, on ne veut pas rester seul. Pourtant, la compagnie d'autrui est vécue comme une agression, chaque fois qu'on se retrouve avec des couples heureux et insouciants, ou qu'on déjeune en famille, coincé entre la sollicitude de Papa et la fébrilité anxieuse de Maman, avec l'impression d'être revenu à l'adolescence. Jamais on ne pensait qu'on éprouverait un jour quelque chose d'aussi douloureux. Jamais on aurait imaginé que la solitude pouvait être aussi violente. Le cœur a mal, le corps a mal et on ne sait plus quoi faire pour apaiser cette pénible langueur.

Parfois, c'est trop ! On a besoin de voir des gens, tant et si bien qu'on ne rentre pratiquement plus chez soi pendant des jours. On dort à droite, à gauche, chez une copine, un copain.

On n'a pas envie de rentrer à la maison car on ne sait que trop ce qu'on va y trouver : le vide, les heures silencieuses et désœuvrées, l'impression qu'on passe à côté de sa vie, qui d'ailleurs n'a plus beaucoup de sens désormais. Certains rentrent tard du travail – « De toute façon, personne ne m'attend à la maison. » D'autres remplissent compulsivement leur agenda, afin d'éliminer la moindre minute de battement où ils risqueraient de trop penser. Anxieux, craignant d'être rattrapés par la solitude, ils s'étourdissent dans des activités multiples ou des sorties qui ne leur font même pas plaisir. Pourtant, tôt ou tard, la solitude nous rattrape. Il n'y a pas d'issue. La fuite est non seulement épuisante, mais elle est également vaine. On n'a plus d'autre choix que de tenter d'apprivoiser ce vide intérieur.

« Apprivoiser » ne signifie pas s'y laisser engloutir ! Bien au contraire, il faut apprendre à vivre avec cette solitude, *sans en devenir la victime*. L'enjeu est de transformer cette solitude angoissée en une solitude « confortable », dans le sens où on apprend, peu à peu, à être bien avec soi-même. Peu à peu, on réalise que la solitude (la vraie, celle qui fait mal) était celle qu'on ressentait dans son couple : on était « seuls à deux » ; il n'y avait plus de communication et chacun, enfermé dans son silence, était renvoyé à lui-même. Aujourd'hui, on est certes seul, mais cette solitude est beaucoup plus saine et riche de potentiels que cet isolement affectif du passé.

Être bien avec soi-même signifie donc qu'on accepte de se retrouver seul, chez soi ou ailleurs, en laissant monter en soi tout ce qui se présente, sans en avoir peur. C'est difficile au début car on n'a pas l'habitude d'écouter ce que dit notre petite voix intérieure. Si elle parle de souffrance, on cherche aussitôt à l'étouffer par de multiples distractions. C'est le moment d'essayer d'adopter l'attitude inverse : on accepte de rencontrer ses peurs (notamment celle de rester seul à tout jamais). On se donne les moyens de dépasser sa souffrance, ce qui survient justement quand on fait de la place à la solitude. On découvre qu'elle n'est pas dangereuse et on ne cherche plus, alors, à lutter contre elle : on se rend compte, avec un certain étonnement, qu'on peut rester confortablement seul, chez soi, tout un week-end, sans se sentir angoissé ! On arrête de « se prendre la tête » inutilement, en jouant les martyrs : non, on n'est pas une pauvre petite chose rejetée de tous parce qu'on passe une soirée seul devant la télévision ! Le reste de sa vie ne va pas se résumer à des week-ends solitaires !

On est en train d'acquérir une nouvelle liberté : celle qui permet de choisir d'être tranquillement avec soi-même, sans se sentir désespéré si on n'a pas d'autre projet. On apprend à devenir plus autonome. Il y a une véritable force à trouver dans la solitude bien « comprise », une force tranquille qui vient de ce qu'on découvre qu'il n'est pas nécessaire d'être autre chose (ou quelqu'un d'autre) que ce que l'on est... Cet apprentissage est une étape fondamentale du processus de séparation. On peut même affirmer que *c'est parce qu'on parvient à apprivoiser cette solitude qu'on se rend disponible psychiquement pour une nouvelle relation affective.* Trop souvent, en effet, on se précipite dans une nouvelle aventure uniquement pour ne pas affronter la solitude. La motivation de ce nouvel engagement étant la peur, la nouvelle relation ne possède pas les bases nécessaires à un développement harmonieux. Le challenge de la quatrième étape est de découvrir qu'on peut vivre heureux, seul avec soi-même, sans que ce bonheur dépende du fait d'être aimé en retour par quelqu'un.

Et la colère ?

On mesure que la quatrième étape du processus de séparation est bien menée quand on parvient à se dégager des schémas conflictuels dans lesquels on était auparavant englué. Au regard de la violence déployée durant la troisième étape, on réalise aujourd'hui qu'en refusant de prendre part à ces schémas d'agression mutuelle, on coupe court à toute escalade de la violence. Dans le meilleur des cas, le/la partenaire se retrouve seul(e) à jouer à ce petit jeu. Ne trouvant plus personne pour jouer avec lui/elle, il/elle finit par s'arrêter !

On sait qu'on est dégagé de l'emprise de la colère quand on renonce à l'envie de blesser l'autre autant qu'on a été blessé soi-même. On a enfin renoncé à avoir le dernier mot – il y a des choses beaucoup plus importantes à mettre en place dans sa vie.

Dépasser la colère marque une étape importante dans le processus de la séparation. C'est un gage d'apaisement, de liberté et d'affranchissement par rapport aux liens du passé. Quelques questions sont utiles à se poser pour évaluer où on en est :

– Où en suis-je aujourd'hui dans mon désir de riposter, de faire souffrir ou de faire payer mon/ma partenaire pour le mal qu'il/elle m'a fait ?

– Suis-je encore obsédé par des scénarios de violence ou de représailles contre lui/elle ?

– Est-ce que je peux penser à lui/elle sans ressentir de l'aversion ou de l'agressivité ?

– Puis-je le/la rencontrer ou lui parler au téléphone, sans être emporté(e) par la colère ou l'irritation ?

– Ai-je accepté ma part de responsabilité dans ce qui s'est passé dans notre relation ?

Si les réponses sont affirmatives, on est sur le bon chemin.

Comprendre ce qui s'est passé

Grâce au vécu de la séparation, on entrevoit des territoires intérieurs qu'il est nécessaire d'explorer. En effet, si on regarde de plus près nos histoires affectives, on prend conscience qu'on répète souvent les mêmes schémas de comportement ou les mêmes attitudes. Quand on examine nos relations passées et présentes, on réalise qu'on tombe sans cesse dans les mêmes pièges relationnels ou qu'on se met toujours dans les mêmes situations. Qu'y a-t-il donc derrière cela ? Pourquoi cette répétition d'actes, de paroles et de pensées qui aboutissent toujours aux mêmes résultats ? D'autres questions émergent aussi : Pourquoi ai-je choisi ce/cette partenaire ? Qu'est-ce qui m'a plu en lui/elle initialement ? Pourquoi est-ce que je rencontre toujours le même type de personnes ? Comment faire pour que tout cela ne se reproduise pas ultérieurement ?

Prendre le temps de répondre à ces interrogations est un aspect essentiel de la quatrième étape du processus de séparation. À l'issue de la Seconde Guerre mondiale, Winston Churchill déclarait : « Si on oublie le passé, on est condamné à le revivre. » Certes, une rupture n'a aucune commune mesure avec un conflit de dimension planétaire, mais la sagesse de cette déclaration apporte un précieux éclairage sur le « travail » intérieur à entreprendre durant cette quatrième étape. Il est vrai, en même temps, qu'on souhaiterait pouvoir tirer un trait sur le passé et tourner définitivement la page. On en a assez de ressasser les mêmes pensées et on voudrait laisser derrière soi les violences et les désillusions des derniers mois. On ne souhaite pas revenir sur ce qui a été (et est toujours) douloureux. Et pourtant.

L'avenir dépend de ce que l'on met en place dans le présent, et le présent se construit en référence au passé. L'avenir se détermine aussi en fonction du passé et, plus précisément, de la compréhension qu'on en a. C'est par elle que passe la reconstruction de soi.

Cette compréhension consiste à mettre au jour ce qui est enfoui à l'intérieur de nous-mêmes et ce que nous portons en nous, sans même le savoir : nos schémas de fonctionnement, nos habitudes mentales, nos conditionnements, nos systèmes de valeurs, tous ces « filtres mentaux » qui dictent nos choix et nos comportements et colorent notre perception du monde, de nous-mêmes et d'autrui. Ces lignes de force qui façonnent notre existence (de façon positive et négative) sont, pour la plupart, inconscientes. Cela explique la difficulté d'y avoir accès. Elles entrent en action automatiquement et s'entretiennent d'elles-mêmes, tant qu'on ne les remet pas en question. Aussi, tant qu'on ne fait rien pour les « percer à jour », continuent-elles à influencer nos actes et nos pensées.

Une simple réflexion sur ses difficultés relationnelles ne suffit pas. On doit aller plus loin ; les réponses sont à rechercher plus en profondeur. C'est tout l'enjeu d'un travail intérieur : rendre conscient ce qui est inconscient. En effet, on ne peut véritablement changer un comportement erroné dans le domaine affectif ou une façon de penser destructrice que si on comprend comment elle a été créée et comment elle agit dans notre vie, à un niveau inconscient. Sans cette compréhension, aucun changement dans la relation à l'autre n'est possible, car l'origine du problème reste dans l'ombre. L'objectif du travail psychologique est de mettre en lumière les conditionnements et schémas de comportements dont on est la victime. Une fois ces fonctionnements relationnels toxiques identifiés, on est davantage en mesure d'agir sur eux, en désamorçant leur caractère répétitif. C'est toute la différence entre faire le choix d'un avenir relationnel aléatoire, construit sur un passé obscur, comme un navire qui avance sans visibilité dans le brouillard, et prendre conscience de sa structure intérieure, pour construire une prochaine relation plus claire et plus lucide, riche des enseignements tirés de l'exploration du passé.

Pour mener à bien ce travail, il est évident que l'aide d'un psy est précieuse, même s'il serait faux d'affirmer qu'on en a obligatoirement besoin. Son rôle est précisément de mettre en évidence le matériel inconscient qu'on porte en soi et de permettre d'en comprendre le fonctionnement dans sa vie de tous les jours (et plus spécifiquement dans sa vie affective).

Les échos de l'enfance

Nous portons en nous notre histoire d'enfant. Qu'on accepte ou non cette idée, nous vivons la majeure partie de notre vie d'adulte sur les bases émotionnelles et relationnelles élaborées inconsciemment durant notre vie d'enfant, d'adolescent et de jeune adulte. C'est un espace intérieur qui persiste en nous au-delà du temps, où on trouve toutes nos peurs, tous nos espoirs secrets, nos attentes frustrées, nos carences affectives, nos croyances, nos valeurs et nos blessures d'autrefois, dont certaines sont restées intactes en dépit des années. On y trouve tout ce qui forge notre image de nous-mêmes et qui conditionne notre rapport au monde. C'est la fondation sur laquelle nous nous construisons depuis toujours.

La psychanalyse nous enseigne que nous fabriquons notre présent en fonction de ce passé, en réactualisant, sous d'autres « déguisements », les problématiques et situations conflictuelles d'autrefois restées irrésolues. Ainsi, nous prenons, sans nous en rendre compte, bon nombre de nos décisions d'adulte en fonction de notre vécu antérieur. Les choix que nous faisons (notamment par rapport à nos partenaires de vie) sont l'écho de notre passé relationnel avec les personnes significatives de notre histoire (essentiellement nos parents)[1].

L'enfant apprend ce qu'est la vie à travers le comportement de ses parents. Par ce qu'ils sont et par ce qu'ils font, ils lui enseignent comment penser, agir et interagir avec autrui. Ce bagage psychique va lui servir de référence absolue puisque, ayant intégré inconsciemment le comportement familial comme « normal », il ne lui viendra jamais à l'idée de remettre en question la validité de ce qu'il a eu sous les yeux pendant des années. Ainsi, peu importe la qualité et la pertinence de ce qu'on lui a transmis, il le prend pour argent comptant : il intègre que les choses qu'on lui a montrées sont la Réalité, un point c'est tout ! Dès lors, il va ajuster tout son comportement en référence (en conformité ou en opposition) à cette vision de la réalité. Une fois adulte, ces critères de référence issus de l'enfance sont toujours opérants au niveau inconscient et vont déterminer le type d'environnement relationnel que l'enfant-devenu-adulte va créer dans ses propres relations. Il s'attend tout naturellement à ce que ses relations affectives soient en accord avec ses références intérieures. Tout dépend alors de celles que lui ont données ses parents.

Par exemple, si on a eu un père très autoritaire, qui exigeait de son épouse une soumission et une obéissance sans faille, on intègre potentiellement en soi un modèle de référence qui tend à nous faire choisir une compagne soumise, si on est un homme, ou un mari autoritaire si on est une femme. L'adverbe *potentiellement* a son importance, car de multiples paramètres peuvent, bien évidemment, venir

1. Un exemple : une enfant battue dans son enfance peut se retrouver, adulte, mariée avec un homme qui la bat, sans comprendre que c'est son vécu d'enfant qui détermine son choix d'un conjoint agressif.

moduler cette tendance. L'adulte peut en effet prendre le contre-pied de l'attitude paternelle – dont il peut lui-même avoir souffert – et s'interdire tout autoritarisme vis-à-vis d'une compagne qu'il préférera plutôt affirmée et autonome, en contraste avec la soumission de sa mère.

Autre exemple : les parents sont en conflit pendant des années ; ils ne se parlent plus, ne se touchent plus et le climat familial devient morne et sans vie. C'est l'image de référence que l'enfant intègre. Pour lui, « vie de couple = vie sans joie ». Une fois adulte, il ressent une impression de tristesse et d'étouffement dès qu'il est en couple, par la simple réactivation inconsciente du vécu de ses parents. N'ayant pas conscience que son malaise est dû à une « résonance » d'un référentiel parental du passé, il ne parvient pas à comprendre ce qui ne va pas dans son couple. Aveuglé par ses représentations inconscientes antérieures qui lui dictent que le couple est nécessairement quelque chose de triste et de conflictuel, il ne parvient pas à voir la réalité de son propre couple. Ainsi, quand il adresse des reproches à sa partenaire (« Notre vie est minable et ennuyeuse »), il ne réalise pas qu'il réagit davantage à un passé inconscient qu'à la réalité du présent.

Dernier exemple : si on a grandi dans un environnement familial où l'expression des émotions n'est pas autorisée, on intègre l'idée que tout débordement affectif est inconvenant ; il est nécessaire de se « tenir », même si on se trouve sous l'emprise d'une forte émotion. Un partenaire qui se révélerait trop « expansif » risquerait alors d'être jugé avec rigueur par son conjoint, qui ne remettrait pas en question cette valeur parentale. Cette spontanéité, par contraste avec l'expérience familiale, peut d'ailleurs être ce qui séduit initialement. Mais, avec le temps, les vieux conditionnements reprennent le dessus et on en vient à être profondément gêné par toutes les manifestations affectives du conjoint, qu'on juge trop ostentatoires. À terme, la qualité de la communication se détériore, le partenaire se sentant toujours sous contrôle dans l'expression de ses comportements spontanés. Il étouffe et, de frustration en incompréhension, la relation se dégrade.

L'existence de ces références inconscientes explique bien des échecs relationnels. Dans certains cas, il y a en germe, dès la rencontre, tout le potentiel pour qu'elle évolue vers une rupture. Certains paramètres de la relation vont en effet réactiver des référentiels négatifs du passé. Avec le recul, certains parviennent à le reconnaître : beaucoup affirment avoir senti dès le début qu'il y avait chez l'autre (ou dans la situation) des aspects critiques qui auraient dû agir comme signaux d'alarme. Mais, dans l'euphorie du moment, ils ont eu envie de croire que tout était possible et ont décidé de nier leurs intuitions. Des mois ou des années plus tard, quand le couple est en crise, ils se rendent compte que tout était déjà là et la rupture apparaît comme la suite logique de ce qui avait été pressenti dès le début.

Le point important à souligner ici est que tant qu'on n'est pas conscient des éléments inconscients qui régissent nos comportements, on est condamné à répéter les mêmes attitudes encore et encore, même si celles-ci nous font souffrir ! La seule issue est de les mettre au jour et d'interroger de nouveau leur pertinence et leur raison d'être. Ce n'est qu'à cette condition qu'on parviendra à les modifier.

Ce qu'on attend d'une relation

Que cherche-t-on dans une relation affective ? Quelles sont nos attentes, nos aspirations les plus profondes ? Il n'y a pas de réponse univoque du fait de l'extrême complexité de la psyché humaine. Cela dit, il est possible d'identifier des constantes dans les attentes qui nourrissent notre désir de construire une relation d'amour.

On entre dans une relation parce qu'on pense y trouver ce dont on a besoin (que ce besoin soit conscient ou non). Cela ne nie en aucune façon l'amour ressenti envers la personne choisie, mais il faut bien reconnaître qu'on ne tombe pas amoureux du/de la premier(e) étranger(e) venu(e) ! On est attiré, puis on aime telle ou telle personne parce qu'elle est ce qu'elle est, et parce qu'on s'y retrouve. On tombe amoureux de quelqu'un avec un « projet » en tête (là encore plus ou moins conscient) : être heureux, s'épanouir émotionnellement ou intellectuellement, avoir un enfant, une maison, une identité, un partenaire sexuel, une sécurité financière, un faire-valoir physique ou social... Bien sûr, ce projet implique aussi le fait de rendre l'autre heureux. C'est une motivation essentielle.

La relation s'installe donc sur la convergence de besoins individuels et d'attentes réciproques qu'elle a pour « mission » de satisfaire. Naturellement, au fil des années, les deux partenaires évoluent en tant qu'individus propres : d'une façon tout à fait logique, leurs besoins et leurs attentes changent. Si la relation reste le lieu où ces besoins continuent à être satisfaits et si elle les accompagne au gré de leur évolution, elle peut durer toute une vie !

Mais que se passe-t-il lorsque les besoins et les attentes de l'un et de l'autre prennent des chemins différents ?

Une jeune femme de vingt-quatre ans, un peu fragile et dépendante, épouse un garçon plein d'avenir qui l'encourage à reprendre des études. Elle campe un personnage de petite fille prise en charge par son époux et cela correspond exactement à ce qu'elle attend de lui. Pour sa part, son mari est ravi : il trouve une grande satisfaction à être le mentor de son épouse et il est

également rassuré par cette femme qui ne le remet pas en question dans son autorité.
Huit ans plus tard, elle décroche un poste de management dans une grosse entreprise et se met à développer des compétences relationnelles jusque-là méconnues. Peu à peu, elle commence à se sentir un peu étouffée par son mari qui, de son côté, continue à vouloir gérer, comme avant, son évolution professionnelle. Or, à trente-deux ans, ses besoins ont changé. Elle prend de l'assurance et refuse de plus en plus l'« ingérence » de son mari dans ses affaires. Elle ne veut pas d'enfant et lui en espère au moins deux. Il se sent menacé dans son identité de mari protecteur, qu'elle remet de plus en plus en question. Il est en fait fragilisé par l'autorité naissante de son épouse qui le renvoie, avec angoisse, au souvenir de sa mère autoritaire et castratrice : il souhaite que rien ne change dans leur relation et qu'elle reste telle qu'elle était au début. Les besoins de chacun divergent et la relation qui avait pour fonction de les satisfaire perd peu à peu de sa raison d'être. Oui, ils s'aiment toujours ; ils parviennent toujours à bien communiquer entre eux, mais « quelque chose » ne fonctionne plus. Elle commence à exister ailleurs, recherchant à l'extérieur du couple ce qu'elle ne trouve pas à la maison. Quant à lui, effrayé par la tournure des événements et plein d'amertume, il se referme sur lui-même. Deux ans plus tard, ils se séparent.

Le couple est la scène où se rejouent, à notre insu, les pièces de théâtre inachevées de notre enfance. Nous traînons en nous des carences du passé comme des trous au cœur que nos parents n'ont pas pu (ou pas su) combler. Carences de regards : on avait besoin d'être rassuré sur le fait d'exister dans les yeux de Papa. Carences d'affection : on attendait de Maman un geste qui ne venait jamais. Carences d'attention, de tendresse, mais aussi d'apprentissage – expression des émotions, façon d'organiser sa vie, capacité à développer la confiance en soi-même et envers autrui..., tout ce qui construit un enfant et consolide sa sécurité intérieure et son estime de lui-même. On passe ainsi toute notre enfance à guetter des signes qui, d'une part, nous montreraient qu'on est aimé comme on a besoin de l'être et, d'autre part, nous enseigneraient ce dont on a besoin pour bien vivre notre vie future.

Le problème est que ce qu'on attend arrive rarement, sauf si on a la chance d'avoir des parents très présents et attentifs. Nos parents, aussi parfaits soient-ils, traînent en eux des carences similaires et il leur est impossible de nous transmettre ce qu'ils n'ont pas reçu eux-mêmes ! Il est inutile de les accabler en les accusant de notre malheur car ils font du mieux qu'ils peuvent, en fonction de leurs propres carences !

Il faut être conscient du fait que, même adulte, on ne renoncera jamais à cette quête douloureuse d'un retour d'amour, d'un regard qui nous dirait : « Oui, rassure-toi. Tu es aimé. Tu existes. » Que se passe-t-il si nos parents n'ont pas su nous donner ce regard ? Qu'à cela ne tienne : on va le chercher ailleurs ! Et ainsi, on passe sa vie d'adulte à essayer de trouver quelqu'un qui pourra nous donner ce dont on a besoin. C'est cette dynamique extrêmement puissante qui détermine, en grande partie, le choix de nos partenaires de vie : *on choisit, la plupart du temps, un partenaire qui nous conduit vers les territoires émotionnels de notre enfance qu'on espère « réparer ».*

Dans la relation, on réactive ou réactualise les scénarios de nos parents (ou ceux de nos interactions avec eux). Sans se rendre compte de ce qu'on est en train de faire, on rejoue encore et encore les scènes « défaillantes » du passé, avec le secret espoir que, « cette fois », on va arriver à cette résolution harmonieuse qui nous a fait défaut autrefois. Il va sans dire qu'on n'y arrivera jamais ! La seule issue pour se sortir de ce cycle névrotique est de faire le lien entre la situation du présent et les circonstances du passé qui se réactivent en soi. On restitue le passé au passé et on évite de parasiter les interactions du présent avec des éléments de vie d'autrefois : le présent ne doit pas porter le poids du passé. Un exemple.

> Pendant des années, une petite fille essaie en vain de retenir l'attention de son père. Devenue adulte, cette carence est toujours présente et inconsciemment douloureuse. Elle harcèle son mari pour qu'il lui donne toute l'attention dont elle a besoin, alors qu'objectivement il lui en donne déjà beaucoup ! Inconsciemment, elle lui demande ce que son père n'a pas pu lui donner autrefois. Et finalement, elle décide de le quitter car elle a l'impression qu'il ne sait pas l'aimer. Elle part à la recherche d'un autre compagnon auprès duquel elle espère enfin recevoir l'attention qui lui a fait tant défaut. Elle rencontre donc un autre homme, c'est le coup de foudre. Mais après quelque temps, les choses se gâtent. En dépit des efforts du nouveau partenaire, elle est de nouveau déçue car il ne parvient pas plus à la satisfaire ; elle réitère ses reproches : « Les hommes sont incapables d'aimer ! »

Tant que cette jeune femme ne comprendra pas qu'elle demande à ses compagnons quelque chose qu'ils ne peuvent lui donner (à savoir l'amour d'un père), et que ce père du passé était la seule et unique personne capable de lui donner ce dont elle avait besoin, elle se condamne à errer de frustration en frustration, à la recherche d'un substitut de regard paternel qu'elle ne trouvera jamais…

Ainsi, certains problèmes rencontrés dans la relation du présent renvoient en fait à des difficultés qui *préexistaient, avant même la rencontre avec notre partenaire*. C'est pour cette raison que, parfois, on ne parvient pas à trouver ce qui ne va pas dans la relation actuelle : la réponse qu'on cherche ne se trouve pas là !

Prendre soin de l'enfant intérieur

Nos relations affectives sont le lieu où on tente de « réparer » nos carences. On choisit inconsciemment la personne qu'on pense capable de combler ces carences, tout comme le parent « aurait dû » le faire. Ce qui signifie qu'on entre dans la relation avec des attentes parfois très fortes, à la mesure de notre souffrance d'enfant. On attend du partenaire qu'il répare quelque chose en nous, mais on ne sait même pas quoi ! Et comme, bien évidemment, ce qu'il/elle nous offre ne parvient pas à répondre exactement à nos attentes du passé, on est déçu ! Le problème est qu'on n'a pas conscience que c'est l'enfant qui réagit en nous et pas l'adulte. Sans s'en rendre compte, on transpose notre passé dans notre présent et on demande au partenaire de tenir un rôle qu'il lui est totalement impossible de tenir : celui du parent réparateur de carences.

Étant donné que ni nos parents ni nos partenaires ne sont en mesure de répondre à nos attentes, on en vient à réaliser que la seule personne capable de nous donner ce dont nous avons besoin aujourd'hui est tout simplement... nous-mêmes ! Comme l'a montré le psychanalyste Carl Jung, l'enjeu pour l'adulte est de devenir « le parent de son enfant intérieur ». Nous seul pouvons apporter à notre « enfant intérieur » ce regard dont il a tant besoin. On comprend qu'il est vain d'en vouloir à notre partenaire de ne pas savoir nous aimer comme la petite fille ou le petit garçon qu'on était avait besoin d'être aimé. Cette compréhension nous permet de ne plus errer de relation en relation (et de déception en déception !), puisqu'on renonce à la quête illusoire de quelque chose qui ne viendra jamais de l'extérieur. La réponse ne viendra que de l'intérieur ! L'enjeu est d'apprendre à satisfaire par soi-même ce besoin d'attention, sans exiger qu'autrui apporte ce qu'il est incapable d'apporter. Ce « manque du parent » est une des blessures fondamentales à identifier et à cicatriser : c'est un axe d'exploration important dans une démarche de psychothérapie.

On constate d'ailleurs qu'une fois supprimé le fol espoir d'être « réparé » par la relation affective, celle-ci devient riche et féconde. On ne demande plus l'impossible à son/sa partenaire. Il/elle se trouve libéré(e) de la lourdeur des attentes névrotiques qu'on faisait peser sur lui/elle. La relation acquiert soudain une profondeur et une légèreté qui portent toutes les promesses de bonheur à long terme.

La croisée des chemins

Mais que se passe-t-il quand un des partenaires (ou les deux en même temps) réussit à « réparer » certaines carences ou défaillances du passé au sein de la relation ? Que devient une relation qui arrive au bout de son potentiel de réparation ? Deux voies sont possibles.

• Si la relation avait initialement (et exclusivement) une fonction « réparatrice » (ce qui, bien évidemment, n'est pas le cas de *toutes* les relations affectives !), elle a de grandes chances de s'arrêter d'elle-même car elle a « épuisé » ce qu'on pouvait attendre d'elle. On part alors à la recherche d'une autre relation affective, soit pour satisfaire d'autres besoins ou carences du passé en attente de résolution, soit pour trouver une personne avec laquelle on aspire à vivre une relation fondée sur des attentes d'adulte plus mature.

Si les deux partenaires prennent ensemble conscience que

leur relation a perdu sa raison d'être, la séparation se passera très probablement sans trop de souffrance. Mais la plupart du temps, ce n'est pas le cas : ce constat n'est fait que par un seul membre du couple. Un seul partenaire est parvenu au solde de ses carences du passé. La rupture est alors douloureuse ou conflictuelle, car l'autre a encore besoin de la relation. Celui/celle qui est quitté(e) accuse son/sa partenaire de la/le laisser tomber, maintenant qu'il/elle a tiré de la relation tout ce dont il/elle avait besoin.

• On peut aussi choisir de rester. Cela implique qu'on fasse l'effort d'investir différemment la relation, non plus sur les bases émotionnelles de l'enfance, mais à partir des attentes correspondant à des besoins d'adulte. Dans ce cas de figure, la relation possède un réel potentiel de succès.

La fin d'une relation offre l'opportunité de jeter un regard neuf sur soi-même. Le désir de ne plus souffrir à l'avenir est un puissant moteur pour entreprendre cette recherche intérieure. Elle est riche de sens car elle concourt à créer les conditions d'une relation qui s'appuiera sur plus de clarté et de maturité, fondée sur la conscience lucide de ses propres besoins et de ceux de l'autre, ainsi que sur ce qu'on pourra, ou pas, lui demander.

Cette exploration est également d'un grand secours pour détecter les éventuelles attentes d'un(e) autre partenaire potentiel(le). Elle permet de l'aider à devenir conscient(e) de ses propres besoins et attentes d'enfant (et à y répondre par lui/elle-même). Le cas échéant, cette conscience des forces mises en jeu permettra de ne pas s'engager dans une relation dont on perçoit trop clairement la dimension névrotique.

La relation avec autrui

La séparation du couple n'est pas un phénomène isolé. Qu'on le veuille ou non, l'entourage se trouve impliqué dans le processus et lui aussi subit de profondes mutations. Il est aujourd'hui reconnu qu'un des facteurs prédictifs d'un bon ajustement émotionnel après le traumatisme de la séparation est la taille et la qualité de son réseau de soutien. L'entourage familial, le cercle amical et professionnel, le voisinage... vont participer à la redéfinition de soi par la modification des rapports qu'on entretient avec eux. La quatrième étape du processus de séparation marque un temps important où on est amené à faire le point sur sa relation à autrui.

Un(e) nouveau(elle) partenaire ?

Avant d'aborder les relations avec les amis et la famille, arrêtons-nous un peu sur les relations affectives qu'on noue peu de temps avant, ou après la séparation.

La séparation effective crée une situation de manque : on se sent seul(e), on a besoin de réconfort et de compagnie... et, un jour, on rencontre quelqu'un ! Au début un peu réticent(e), on accepte de connaître davantage cette personne, qui progressivement apparaît comme envoyée des dieux. Elle-même sort souvent d'une relation affective douloureuse. En plus, elle est douce, sincère, intelligente, drôle et disponible. Le sexe marche comme jamais ; on se parle à cœur ouvert avec honnêteté et confiance. On n'arrive pas à y croire ! On s'étonne de trouver autant de bonheur au détour de la rupture. C'est l'amour qui frappe à la porte, alors qu'on se croyait condamné(e) à la solitude.

Cette nouvelle relation fait du bien, indiscutablement et, en cela, elle est tout à fait légitime. Mais ce qu'il faut comprendre, c'est que dans tous les cas ou presque elle fait partie intégrante du processus de séparation ! Elle en représente une étape. L'expérience montre que ces relations, aussi intenses et passionnées soient-elles, sont de courte durée (quelques mois environ). Certaines deviennent permanentes, bien sûr, mais elles sont l'exception qui confirme la règle.

Pourquoi en est-il ainsi ? On entre dans cette nouvelle relation, alors qu'émotionnellement on est encore dans la précédente. On n'en a pas encore fait le deuil, mais on espère pouvoir anesthésier la souffrance en s'investissant immédiatement dans une nouvelle histoire. Par ailleurs, celle-ci paraît tellement riche de promesses qu'on ne voit pas l'intérêt de la différer ! On souhaite y croire et la vivre dans l'instant. Se crée alors un déséquilibre émotionnel : trop d'énergie est investie dans la nouvelle relation, alors que le processus nécessite que cette même énergie soit, pour le moment, investie en soi ; on a besoin de se reconstruire intérieurement pour faire de la place, *dans un deuxième temps*, à un(e) autre partenaire.

On n'a pas « digéré » la dernière relation : on n'a pas pris le temps d'en tirer les enseignements et de comprendre ce qui a conduit à sa dissolution. Très souvent, ce(tte) nouveau(elle) partenaire est, à un niveau ou à un autre, la copie conforme de l'ancien conjoint (physiquement et/ou intellectuellement et/ou socialement et/ou émotionnellement...). Par ailleurs, on reproduit parfois à l'identique les mêmes erreurs (ou les mêmes attentes...) que dans la relation précédente ! Il est essentiel de s'en rendre compte rapidement, pour couper court à cette répétition du passé et se pencher sur le travail intérieur qu'il est nécessaire d'entreprendre.

Une telle relation est-elle pour autant néfaste au bon déroulement du processus ? En aucune façon... dans la mesure où on l'aborde pour ce qu'elle est : une source de plaisir et de réconfort, qui repose sur des bases trop fragiles pour tenir longtemps et qui demande donc à être vécue pleinement, au jour le jour, sans projection trop hâtive dans l'avenir. On doit s'occuper de sa propre « convalescence » et de son développement personnel. Tant mieux si on a quelqu'un à ses côtés pour accompagner ce mouvement ! Mais ce n'est pas une raison pour faire de cette personne quasi providentielle un compagnon/une compagne à vie. De plus, il ne faut pas oublier qu'on n'est pas tout à fait dans son état « normal » : on est ébranlé(e) émotionnellement à cause de la rupture, on se sent plus instable, plus vulnérable et peut-être plus en demande de prise en charge par autrui. Par ailleurs, on est dans un processus qui va nous faire évoluer : ainsi, si le/la nouveau(elle) partenaire apprécie qui on est aujourd'hui, il n'est pas évident qu'il/elle aimera autant celui/celle qu'on deviendra au fil des mois, une personne qui affirme toujours plus son autonomie et son indépendance.

Beaucoup de souffrance sera épargnée si les deux partenaires sont lucides sur le caractère éphémère de la relation. Si l'un d'eux croit trop à sa pérennité, alors que l'autre ne s'y est pas investi sur la durée, il risque d'y avoir des reproches et des grincements de dents. Néanmoins, comme une des caractéristiques de ce type de rencontres est une communication de bonne qualité, il est souvent assez facile de se parler ouvertement sur le sens que l'on souhaite donner à la relation, une fois qu'elle semble avoir apporté tout ce qu'elle pouvait apporter. C'est une façon « saine » et harmonieuse de se séparer, sans en faire un nouvel échec relationnel. Et pourquoi ne pas faire de ce(tte) partenaire d'un temps de sa vie un(e) véritable ami(e) de cœur pour l'avenir ? Au pire, ces couples se quittent du jour au lendemain, soulagés de retrouver leur liberté, et la plupart du temps sans verser la moindre larme. Dans le meilleur des cas, chacun reprend sa route, riche d'une expérience de partage et d'intimité qui constitue un atout pour la reconstruction de soi-même.

Les relations avec les amis

Il s'agira surtout des modifications survenant dans les relations avec les amis en couple. C'est en effet avec eux qu'il faut s'attendre à plus de changements. On doit bien se rendre à l'évidence : dans ce domaine aussi, la séparation a un impact puissant. À la perte de son conjoint s'ajoute la perte d'amis auxquels on tient. On ne souhaite pas qu'il en soit ainsi, mais les choses suivent presque immanquablement un processus en trois phases.

Le ralliement

En général, à l'annonce de la rupture (ou un peu avant, ce qui correspond à la première et/ou à la deuxième étape du processus de séparation), les amis en couple réagissent par un authentique mouvement de solidarité, qui s'adresse souvent aux deux partenaires, sans distinction. Une grande place est faite alors au dialogue et à l'écoute de la souffrance qui découle de la situation. On est invité à dîner, voire hébergé temporairement si nécessaire ; des solutions sont suggérées, débattues... Les couples proposant leur soutien essaient de faire preuve de tact et de respect, tentant de ne céder ni à la curiosité ni à la critique. Ce qui prédomine et suscite leur désir de venir en aide est, avant tout, le constat de la détresse profonde d'amis qui leur sont chers. L'idée de séparation, avec tout ce qu'elle implique, n'est pas encore au premier plan.

Une nouvelle configuration

Après quelques semaines ou quelques mois (troisième étape du processus de séparation), on perçoit déjà une modification des liens. Il devient de plus en plus évident que les interactions sont en train de changer et qu'on s'écarte progressivement de ce monde auquel on croyait appartenir à jamais.

Certes, on a des amis, mais on se retrouve quand même seul tous les week-ends ! Au détour d'une conversation, on apprend qu'on n'a pas été convié à un week-end en Normandie avec d'autres couples de son cercle d'amis, alors que, jusque-là, on était de toutes les virées avec son/sa partenaire. On découvre que son ex-compagne part en vacances avec des amis qu'on pensait être ses meilleurs alliés, sans qu'on ait été soi-même prévenu d'un tel projet. Les soirées à quatre se transforment en tête à tête avec un seul des deux membres du couple : on se retrouve pour des déjeuners ou des activités « de jour », sportives ou autres, mais on est écarté des activités sociales « du soir » qui restent le domaine exclusif de la vie sociale entre couples.

D'ailleurs, de plus en plus, on a la désagréable impression d'être la cinquième roue du carrosse. On n'est plus en phase avec les activités et les préoccupations de ses amis en couple : ils évoquent leurs vacances à venir ou la maison qu'ils projettent de construire, alors qu'on leur parle de garde alternée des enfants, de soucis financiers ou de solitude. Le contraste est poignant ! On foule désormais des territoires différents et avec le temps les points de rencontre s'amenuisent. C'est l'expérience déroutante d'une transition entre deux mondes : un pied dans le passé – on fait toujours partie d'un réseau social constitué essentiellement de couples (mais où il est clair qu'on n'a plus sa place) –, un pied dans un avenir (mais qui n'existe pas encore), où on vivra en célibataire s'assumant pleinement, avec un environnement social correspondant à cette nouvelle réalité.

De plus, désormais les amis prennent plus clairement position et cela suscite de multiples surprises : ceux qu'on croyait fidèles se rallient à son/sa partenaire et nous ferment leur porte ; ceux qui n'étaient que de lointaines connaissances deviennent les plus loyaux confidents, certains demeurent des piliers inébranlables dans l'amitié, quand d'autres disparaissent totalement ! Tous les cas de figure sont possibles et suscitent beaucoup d'étonnement, de rancœur ou d'amertume.

La prise de distance des amis en couple n'est pas seulement le fait d'orientations de vie divergentes ; elle peut renvoyer à d'autres raisons plus inconscientes. La personne séparée peut être perçue comme « dangereuse » pour la stabilité des couples car, désormais « disponible », elle représente une menace pour l'ami(e) du même sexe, qui redoute de voir son/sa partenaire tenté(e) par de supposées avances. Il est plus sage de la mettre à distance que de tenter le diable ! La séparation risque aussi de mettre au jour certains dysfonctionnements des autres couples, qui vivent mal ce rappel en miroir de leurs propres difficultés conjugales (et, pourquoi pas, de leur éventuel désir de séparation !). La mise à distance des personnes séparées permet de s'éloigner d'une réalité dont on n'apprécie pas la trop grande proximité. Il arrive aussi que la personne séparée suscite l'envie (inconsciente) de ses amis en couple : elle jouit en effet d'une nouvelle liberté et d'une autonomie de vie qui leur font peut-être défaut dans leur propre relation. Cela peut induire une jalousie ou une agressivité inconsciente suffisamment prégnante pour mettre un terme au lien d'amitié. Cette distance peut enfin provenir de la personne séparée elle-même. Certes, elle apprécie grandement la chaleur d'une soirée avec ses amis par exemple, mais cette douce ambiance conjugale souligne tellement sa solitude, qu'elle préfère rapidement ne plus renouveler cette pénible expérience.

Cette phase est un moment particulièrement difficile où la solitude prend une douloureuse intensité. Malgré quelques liens maintenus avec un ou deux couples, la perte de contact avec le réseau d'amis du passé s'accompagne d'une perte d'identité sociale, d'un sentiment d'appartenance. On se sent rejeté(e), exclu(e), marginalisé(e). Il n'y a plus personne pour partager les petites choses du quotidien, la moindre tâche semble s'inscrire dans une routine vide de sens. On redoute les vacances et les week-ends car ils signifient une confrontation encore plus difficile avec l'ennui et cette affolante solitude.

Le retrait mutuel – la création d'un nouveau réseau amical

Lentement, les relations avec les amis en couple se meurent. Elles s'éteignent d'elles-mêmes car plus rien n'est mis en place, de part et d'autre, pour les garder vivantes. De fait, au fil du temps, une incompatibilité croissante entre soi et ses amis en couple s'est imposée à l'évidence. Les modes de vie sont radicalement différents et les gratifications tirées de la relation s'estompent. Souvent, il n'y a pas de fin explicite. On ne s'appelle plus, on ne se voit plus et personne ne cherche à faire le premier pas pour restaurer une relation à laquelle on ne croit plus.

En intégrant de plus en plus sereinement son nouveau statut de célibataire au cours de la quatrième étape du processus de séparation, on réalise qu'on est loin d'être le/la seul (e) dans cette situation ! En refusant la solitude comme une fatalité, on se donne progressivement les moyens d'entrer en contact avec des personnes davantage en harmonie avec ce que l'on vit aujourd'hui (divorcé(e)s, séparé(e)s, célibataires convaincu(e)s...). Le nouveau réseau amical qu'on reconstruit peu à peu a souvent peu de rapports avec l'ancien. On conserve bien sûr quelques amis en couple et/ou les amis de même sexe des couples du passé. Les amis célibataires qu'on avait avant la relation (et qu'on avait – il faut le reconnaître – un peu négligés durant sa vie de couple) reviennent dans sa vie (on constate avec soulagement qu'ils ne nourrissent pas trop de rancune vis-à-vis de cet « abandon » relatif et qu'ils sont très souvent prêts à le pardonner). De simples connaissances deviennent des proches ; les relations se nouent autour d'intérêts et de préoccupations communes. Finalement, avec un peu de temps, de patience et de détermination, on découvre que cette nouvelle vie sociale peut être aussi riche, si ce n'est plus, que la précédente.

Les relations avec la belle-famille

La qualité des liens qui s'établissent après la séparation avec la belle-famille est étroitement conditionnée par la nature de la relation avant la rupture.

Si elle n'a pas été vraiment investie, n'a existé que parce qu'on était le/la partenaire de son enfant, il est fort probable qu'elle disparaisse en même temps que le lien conjugal : il n'existe pas de sentiment d'appartenance familiale, ou bien la pérennité de la relation est ressentie comme trop étrange ou inadéquate, car elle n'entre dans aucun cadre social bien défini. En revanche, si on a appris à se connaître et à s'apprécier en tant que personnes, elle a toutes les chances d'être préservée. C'est d'autant plus vrai lorsqu'il y a des enfants et que le lien familial rend « normale » la poursuite de la relation. Seule la persistance d'une indéfectible loyauté des parents vis-à-vis de leur enfant risque de jeter une ombre au tableau. Si le sujet est trop brûlant, il est préférable de convenir de ne pas l'aborder.

Si les parents ont du mal à comprendre ou à accepter quelque chose, c'est bien la persistance ou le retour d'un lien d'amitié ou de sympathie avec l'ex-partenaire. Autant les amis sont relativement neutres à ce sujet, autant les parents (ou les frères et sœurs) se disent souvent choqués ou, pour le moins, troublés. Il n'est pas rare qu'ils voient ce lien d'un assez mauvais œil, une des raisons avancées étant le souvenir indélébile et l'indéfectible rancœur du mal que ce(tte) partenaire a infligé dans le passé : « Qu'il/elle ne s'avise pas de te faire du mal à nouveau, sinon, il/elle aura à faire à moi ! »

6.

Cinquième étape : vers un nouveau départ

« J'ai tellement changé depuis mon divorce, reconnaît Sandrine. Cette épreuve m'a fait mûrir et m'a contrainte à redéfinir le regard que je portais sur moi : je me sens plus solide, plus "dense" intérieurement, maîtresse de ma vie et de mon destin. Deux ans après notre séparation, j'ai rencontré Adrien et je n'aurais jamais connu le bonheur d'être avec un homme aussi extraordinaire si je ne m'étais pas séparée. Finalement, je suis presque reconnaissante à mon mari de m'avoir quittée car il m'a ouvert à une nouvelle et merveilleuse étape de mon existence ! »

Un jour, on s'aperçoit que la souffrance est derrière soi. Au début, on ne remarque pas cette subtile transition mais, timidement, imperceptiblement, on comprend que la rupture appartient désormais au passé : elle s'est finalement intégrée dans son histoire personnelle et a cessé d'être douloureuse. On fait ce constat avec un certain étonnement. Mais, quoi qu'il en soit, on constate que l'on s'interroge de moins en moins sur le pourquoi et le comment de la rupture ; la lecture des événements devient plus globale, moins émotionnelle, et on les aborde avec davantage de recul, voire de détachement.

La cinquième étape annonce la fin du processus de séparation. Elle inaugure le début de quelque chose d'autre. C'est le phénix qui renaît de ses cendres après l'embrasement de la rupture. À ce stade seulement, on découvre que ce qui n'était que chaos et souffrance peut devenir source de croissance et de changement ; on arrive vraiment à y croire aujourd'hui.

S'initiant environ entre un an et demi et deux ans après la rupture, cette dernière étape (dont la durée oscille entre un et deux ans) marque une transition définitive par rapport au passé.

Dresser le bilan du chemin parcouru

Comment savoir si on a atteint ce stade ultime ? Là encore, il n'y a pas de réponse univoque : chacun développe ses réponses spécifiques. Cela dit, il est utile de faire le point et de récapituler les enjeux soulevés par la séparation. On peut ainsi mieux évaluer ce qui est achevé et le travail qui reste encore à accomplir.

L'acceptation définitive de la fin de la relation

Cette acceptation est-elle authentique ? Si tel est le cas, il en découle un apaisement qu'on accueille avec soulagement. De nouvelles portes s'ouvrent et on ressent l'envie et l'énergie d'aller de l'avant.

Il peut néanmoins persister un certain déni de la réalité de la séparation, comme le traduit Valérie, quatre ans après son divorce :

> « Quand mon fils s'est marié, il m'a évidemment convié à être à ses côtés avec son père. Mon ex-mari a insisté pour que sa nou-

velle épouse l'accompagne... On allait se retrouver sur le banc de l'église, moi à sa droite, et sa compagne à sa gauche ! J'ai refusé initialement d'y aller car je n'acceptais pas que tout le monde me voie dans cette situation que je jugeais humiliante. Là, j'ai compris que j'avais encore du chemin à faire car cela me mettait sous le nez une réalité que je continuais à nier... Finalement, j'y suis allée... pour mon fils d'abord mais aussi pour moi-même : je devais me confronter à cela pour me désengager complètement de mon déni. »

Le processus d'intégration peut effectivement se trouver partiellement bloqué à un point de son déroulement : ce sont les circonstances qui souvent nous le révèlent, comme ce fut le cas pour Valérie. Il faut prendre garde et en devenir conscient, car autrement on risque de rester emprisonné dans un climat émotionnel toxique, fait de culpabilité, de haine ou de baisse d'estime de soi ; dans ces conditions, il est utile de se faire aider psychologiquement, quand on sent qu'on ne pourra pas débloquer seul(e) la situation.

L'intégration en profondeur de la réalité crée de l'espace pour qu'un nouvel équilibre émotionnel s'instaure : même s'il y a encore des relents de colère ou de tristesse, on ne circule plus en circuit fermé dans les émotions destructrices. L'acceptation définitive de la séparation est une condition indispensable pour pouvoir sereinement se tourner vers l'avenir : elle implique d'avoir fait le deuil de ce qui a été, d'avoir renoncé à certains rêves et à de vaines espérances ; les blessures induites par la séparation sont reconnues comme telles et on ne cherche plus à les écarter de sa conscience ; on travaille aujourd'hui à parfaire leur cicatrisation. L'acceptation passe également par la clôture complète des démarches juridiques. Au mieux, celles-ci auront été menées équitablement pour les deux parties ; dans le cas contraire, la persistance de conflits au regard des dispositions retenues risque de constituer un frein durable au retour de la sérénité.

Les relations avec l'ex-partenaire

Par-delà les années, a-t-on réussi à faire la paix ou, du moins, à enterrer la hache de guerre ? A minima, est-on parvenu à établir une relation « fonctionnelle » avec son ex-partenaire – ce serait que pour le bien des enfants, en se cantonnant au seul rôle parental ? S'il n'y a pas d'enfant, a-t-on même envie de poursuivre une relation avec son ex-partenaire ?

On a manifestement franchi le cap quand on ne fait plus d'efforts pour ne pas penser à son partenaire du passé et quand les pensées obsédantes le concernant ont définitivement disparu. Si on est toujours sous leur emprise, c'est qu'il y a quelque chose à quoi on s'accroche. On n'accepte toujours pas de lâcher prise. Il est indispensable d'identifier ce qui coince et de travailler à dépasser cet obstacle.

Les relations sociales

> « J'ai épousé mon mari quand j'avais vingt-trois ans et je vivais encore chez mes parents, explique Estelle. À quarante ans, c'est la première fois de ma vie que je vis seule et c'est une véritable découverte ! Je rencontre des gens nouveaux et ils interagissent avec moi en tant que personne autonome, sans que je sois perçue comme "la fille de..." ou "l'épouse de...". C'est une grande première pour moi et cela me donne un puissant sentiment de liberté ! »

Après le deuil inévitable de certains amis du passé, est-on parvenu à reconstruire un nouveau tissu relationnel ? Maintenant qu'on est beaucoup plus disponible émotionnellement, tant à soi-même qu'à autrui, tout l'enjeu de cette fin de processus est de recréer des liens de qualité avec des personnes sources de gratification et d'épanouissement personnel. Cette impression de disponibilité sera particulièrement marquée si on a déménagé loin de son lieu de vie habituel ; de fait, on se présentera d'emblée aux yeux d'autrui en tant qu'individu à part entière et non pas en tant que membre d'un couple. Ce regard sur soi « vierge » de tout passé est un avantage pour recommencer à zéro.

La solitude fait partie du lot des personnes nouvellement séparées, même si celle-ci est accueillie sans souffrance, comme une composante normale et prévisible de ce temps de vie. Le danger est de ne pas parvenir à dépasser le cap de la solitude. On dit qu'un certain isolement après une rupture majeure persiste en moyenne pendant six mois à un an (surtout si on a été quitté(e) – mais il ne faut pas oublier que ce temps correspond souvent à un moment de convalescence où cette solitude est parfois nécessaire pour retrouver ses bases. Au-delà, ce sentiment de solitude est parfois le reflet d'un vécu dépressif qu'il serait utile de travailler grâce à une aide psychologique. Cela évite de s'enfermer dans un schéma de vie marqué par le retrait et l'isolement.

L'attention à soi-même

> « Quand ma femme m'a quitté, raconte Mathias, j'ai "lâché la rampe". Je me suis complètement négligé ; je ne faisais plus de sport, j'ai pris dix kilos, je ne faisais plus aucun effort. Un jour, j'ai vu un homme bien mal en point dans le miroir d'une vitrine et j'ai réalisé que c'était moi ! Ça m'a fait un électrochoc : je me suis repris en main en six semaines – régime, sport, nouvelle coupe de cheveux, nouvelle garde-robe... C'était plus que nécessaire ! »

À distance de la rupture, a-t-on retrouvé une bonne hygiène de vie, tant au niveau physique que psychologique : un sommeil de meilleure qualité, une alimentation saine, une meilleure condition physique grâce à un minimum d'activité ? A-t-on réussi à se créer un environnement de vie agréable et confortable, en correspondance avec qui on est aujourd'hui ? Parvient-on maintenant à gérer son argent en tenant compte de sa nouvelle réalité économique ? Qu'en est-il de l'équilibre entre le travail, les loisirs et les impératifs domestiques ? Se ménage-t-on un peu d'espace pour s'adonner à une passion ou se découvrir de nouveaux talents ?

Cette mise en œuvre d'un autre rythme de vie demande bien sûr beaucoup d'énergie. C'est une réalité. Mais l'avenir est à l'image de ce qu'on fait de son présent : tout ce qui est mis en place aujourd'hui constitue un investissement pour le futur. On n'a pas besoin de réaliser de grandes choses ; l'important est d'enclencher un mouvement, une dynamique de vie. Peu importe si, au début, les progrès sont lents : c'est normal. Il est peut-être très nouveau pour soi de prendre soin de soi car on se néglige soi-même depuis déjà très (trop ?) longtemps. Le temps qui suit la séparation peut aider à remettre les compteurs à zéro et de réévaluer les façons de prendre soin de soi. Tout est alors possible ! C'est le moment de se jeter à l'eau, de prendre des risques et de tenter ce qu'on n'a jamais osé (ou eu le temps) de tenter auparavant : partir en vacances dans des lieux où son conjoint n'avait pas envie d'aller, faire des activités qui ne lui plaisaient pas, tester des habitudes de vie qui ne lui convenaient pas… Avec un peu de patience et de constance dans l'effort, on s'étonnera de ce qu'on a été capable d'accomplir ! C'est un temps d'ouverture, d'exploration, de découverte – il serait dommage de ne pas profiter de cette « fenêtre de tir » et jouir pleinement de ce renouveau dans la manière de prendre soin de soi !

Reconstruire sa vie

Au-delà des ajustements du quotidien et des projections sur l'avenir, la cinquième et dernière étape du processus de séparation est essentiellement un temps de redéfinition qui s'opère à plusieurs niveaux :

– la redéfinition de son rapport avec son/sa partenaire du passé ;

– la redéfinition de son rapport à autrui et la perspective d'une nouvelle relation affective ;

– la redéfinition du rapport à soi-même.

La redéfinition du rapport avec l'ex-partenaire

La séparation « officielle » marque rarement le point final de la relation. D'une façon ou d'une autre, on reste très longtemps en lien, parfois pendant des années. Une sorte de connexion intérieure persiste toujours en soi, même si on voudrait qu'il en soit autrement. Ce sentiment est d'autant plus présent qu'on a été quitté. En dépit de l'évidence et des années qui s'écoulent, il arrive qu'on ne parvienne pas à accepter la fin de la relation, tant que son/sa partenaire n'a pas refait sa vie ailleurs. Au fond de son cœur, on garde parfois l'illusion d'une réconciliation. Le/la voir s'engager dans une nouvelle relation d'amour détruit irrémédiablement tout espoir. Parfois, c'est la situation inverse qui se produit : quand la personne quittée refait sa vie avec un autre partenaire, c'est celui/celle qui est parti(e) qui s'émeut ! Le cœur a ses raisons que la raison ne connaît pas. On espérait quoi ? Garder au chaud l'idée d'un éventuel retour en arrière, « un jour » ? Se rassurer sur le fait que son/sa partenaire est toujours amoureux/se de soi ? Ou bien n'aurait-il/elle pas le droit d'aimer ailleurs ? Est-ce une intolérance secrète au bonheur de l'autre ? ou le douloureux constat qu'on était bien finalement avec lui/elle, au regard de ce qu'on vit aujourd'hui ?

Même quand les choses sont relativement claires, il persiste toujours une certaine ambivalence vis-à-vis de cette personne qu'on a aimée. Il y a des souvenirs qu'il est impossible d'évacuer de sa mémoire. Confusément, on se surprend à toujours attendre quelque chose de ce(tte) partenaire et, en même temps, on sait qu'on n'en attend plus rien. Après avoir été complices, on devient spectateurs l'un de l'autre : on regarde la nouvelle vie de cet ex-conjoint, sa nouvelle maison, ses nouveaux amis et cette nouvelle personne qu'elle est en train de devenir. On imagine aussi tout ce qu'on ne peut plus voir : ses vacances, sa vie sexuelle, l'élaboration de ses nouveaux projets. On a beau se raisonner, il n'empêche que parfois on s'étonne d'éprouver de la jalousie ou de l'envie à son égard ; on a presque l'impression d'être exclu de sa nouvelle vie, comme si on était dépossédé de quelque chose qui continuerait à nous appartenir ! Il ne reste plus qu'à en rire... ou à se demander si on n'a pas encore un peu de travail intérieur à faire pour clarifier la situation ! En effet, on ne pourra reconstruire une relation affective sereine que si on se débarrasse de ces « casseroles émotionnelles » qu'on traîne derrière soi.

Les actes qu'on accomplit l'un envers l'autre contribuent également à entretenir l'ambivalence.

On a déménagé depuis deux ans, mais on n'a toujours pas changé d'adresse : on doit régulièrement venir chercher le courrier... C'est l'occasion de se revoir...

On continue à venir entretenir le jardin, tondre la pelouse, réparer les robinets qui fuient... C'est l'occasion de se revoir...

On s'oppose à la venue des enfants chez leur père. Il vient à la

maison pour avoir des explications. C'est le drame... mais aussi l'occasion de se revoir...
On ne paie plus la pension alimentaire ou on fait délibérément obstruction aux dispositions légales du divorce. Le partenaire est contraint à des poursuites en justice. On échange des regards pleins de haine au tribunal... mais c'est l'occasion de se revoir...

Pour la plupart, ces comportements traduisent des stratégies inconscientes de l'un ou l'autre partenaire (ou des deux !) destinées à préserver le lien (d'une façon adaptée ou non !) et à empêcher sa rupture définitive. Par-delà l'ambivalence, la distance physique et émotionnelle qui s'établit entre soi et ce (tte) partenaire contribue à redéfinir le regard qu'on portait sur lui/elle. Débarrassé du voile aveuglant de la colère, de la détresse ou de la dépression, on commence à mieux percevoir ce qu'il y a réellement de bon (et de moins bon) dans cette personne. Parfois, ce constat laisse un goût doux-amer ; avec un petit pincement au cœur, on se dit que ça n'était pas si mal et que c'est dommage de ne pas avoir réussi à sauver cette relation. On reconnaît plus sereinement les indéniables qualités de ce(tte) partenaire, alors qu'au début de la séparation, il avait été nécessaire de le/la « diaboliser », pour légitimer son départ ou pour apprendre à ne plus l'aimer. Les bons souvenirs reviennent : on ne s'est pas toujours haïs et il y a eu aussi de bons moments. Certains se surprennent à parler de l'autre avec tendresse ou sympathie. Il n'est plus l'ennemi à abattre, il est redevenu un être humain avec ses défauts et ses qualités, un compagnon ou une compagne de route durant un temps de sa vie. D'autres, parmi ceux/celles qui ont été quitté(e)s, en arrivent même à éprouver une étrange gratitude envers leur partenaire. À cause de (grâce à) la séparation, ils ont été contraints à une reconstruction d'eux-mêmes qui débouche aujourd'hui sur une nouvelle relation d'amour, source de joie et d'épanouissement.

Le regard sur le passé apporte aussi la confirmation de la sagesse des décisions prises. En effet, on est parfois soulagé d'avoir eu le courage de quitter un conjoint dont on mesure, avec le recul, toute la destructivité. On est horrifié de s'être laissé entraîner dans tant de violence ou de déni de soi. On perçoit plus clairement les manipulations, les chantages, les humiliations, alors qu'on en était à peine conscient, quand on était noyé au cœur de la tourmente. La haine est peut-être encore présente en soi lorsqu'on se penche sur ces événements douloureux. La redéfinition de son rapport à l'autre n'est pas toujours sereine.

Comment la relation évolue avec le temps

Selon une étude américaine menée auprès de 210 personnes séparées depuis deux ans, durant les dernières semaines ayant précédé l'enquête,

– 59 % des partenaires se sont parlé au téléphone ;

– 49 % se sont parlé en direct ;

– 10 % ont reçu une lettre du partenaire et 7 % en ont écrit une ;

– 10 % sont sortis ensemble ;

– 4 % ont eu une relation sexuelle.

Après deux ans, environ 30 % des personnes interrogées disent éprouver des sentiments d'amour ou d'amitié pour l'ancien partenaire, alors que la moitié se dit indifférente. Le dernier quart reste très hostile à son égard. On constate également que la qualité de la relation dépend de la tonalité émotionnelle des derniers mois de vie commune et des circonstances de la séparation à proprement parler.

Les liens sont évidemment plus étroits s'il y a des enfants : ainsi, un an après un divorce, environ 45 % des parents disent avoir passé du temps ensemble avec leurs enfants, mais ce chiffre tombe à 30 % après deux ans. Ceux qui restent en contact se retrouvent essentiellement autour des décisions importantes qui concernent les enfants ; ils évitent les sujets délicats comme leur mariage, les raisons de la séparation ou les nouvelles relations affectives de l'un ou de l'autre. Comme il faut s'y attendre, les conflits apparaissent quand les termes du contrat parental n'ont pas été clairement définis ou quand les parents ne parviennent pas à faire la part entre leur rôle de parents et leurs conflits personnels ; il s'ensuit une remise en question des droits de garde et de vacances, un manque de flexibilité délibéré au sujet des horaires et une totale absence de confiance.

À plus long terme, on constate que bien peu de personnes restent bons amis, en maintenant une relation harmonieuse. Si un lien fort est préservé, chacun a le souci du bien-être de l'autre, en dépit de vies séparées. Ces anciens partenaires ont toujours à cœur de partager les moments importants avec leur partenaire du passé (même s'ils sont engagés dans une nouvelle relation affective) : telle femme souhaite que son ex-mari soit à ses côtés le jour de l'enterrement de son père ; tel homme invite son ancienne compagne à déjeuner, pour partager avec elle la joie d'une promotion attendue depuis des années : il n'y a qu'elle, à ses yeux, pour vraiment comprendre ce qu'il ressent.

En revanche, nombreux sont ceux qui vivent leur vie chacun de leur côté et se limitent à une relation de coopération autour des enfants, assez détachés émotionnellement. Au début, ils appréhendent de se revoir car les blessures sont encore à vif : ils sont gênés, ne savent pas quoi se dire, craignent d'avoir mal et sont un peu sur la défensive. Avec le temps, les craintes s'apaisent, mais même si leur relation s'adoucit et qu'ils sont moins sur leurs gardes, ils préfèrent tenir leurs distances et se limiter à une cordialité neutre.

D'autres, en dépit de l'évidence, ont toujours du mal à accepter la réalité de la séparation : ils pensent sans cesse au partenaire perdu et quelque chose en eux continue à attendre – un coup de téléphone, qu'il vienne chercher les enfants, de le voir, de lui parler, de savoir ce qu'il fait, ce qu'il vit, s'il aime à nouveau. D'une certaine manière, ils continuent à s'investir dans une relation qui n'existe plus, mais dont la nostalgie est si forte qu'ils ne peuvent y renoncer. Le risque est de faire de cette attitude un mode de vie permanent – de vivre une relation factice avec un partenaire absent ; une telle attitude fait obstacle à toute opportunité de reconstruire une relation affective.

D'une manière beaucoup plus rare enfin, certaines personnes ne réussissent pas à dépasser le stade de victime ; elles continuent à ruminer la séparation, vécue comme un outrage indélébile. Le sentiment de rejet est tel qu'il risque de s'installer de façon permanente ; tout nouvel investissement est alors rendu impossible. Au début, l'entourage compatit avec cette souffrance. Mais rapidement, devant la focalisation de la personne sur son ressentiment et son impression d'injustice, les proches se lassent et se retirent, confirmant ainsi l'« abandonné(e) » dans l'idée que personne ne l'aime. C'est ainsi que certains restent à jamais au fond du trou.

La redéfinition du rapport à autrui

« Mon carnet d'adresses a beaucoup changé depuis ma séparation, raconte Cyril, des amis de toujours ont totalement disparu, des couples m'ont tourné le dos, d'autres sont devenus plus proches de moi. De nouvelles personnes sont apparues dans ma vie… Quand je fais le bilan, je constate que mon champ relationnel a été profondément impacté par le divorce et ce n'est pas nécessairement négatif – bien au contraire même. »

On arrive sur le pas de la porte. De l'autre côté, la fête auquel on a été convié a déjà commencé : on entend la musique, le cliquetis des verres, les bribes de conversation... On n'ose pas sonner... Qui va être là ? Est-ce qu'on va trouver quelque chose d'intéressant à dire ? On craint d'être gauche, maladroit(e) et surtout pas à sa place... La peur au ventre, on est tenté(e) de partir en courant. On téléphonera pour s'excuser de ne pas avoir pu venir... mais, après tout, personne ne s'en sera aperçu...

Si l'amorce du retour à une vie sociale « normale » a été l'enjeu de la quatrième étape du processus de séparation, le retour à une vie affective est une tout autre histoire. Cette seule idée suscite à la fois répulsion, peur... et nostalgie.

Nostalgie, car le corps se souvient de ce temps où il était aimé et caressé, de la chaleur de ces bras qui l'enlaçaient avec tendresse. On souffre aujourd'hui de cette solitude du cœur que les nouveaux amis du présent sont impuissants à apaiser.

Peur, car on craint de ne plus être à la hauteur. On se sent moche ou inintéressant, l'image de soi est dévalorisée et mutilée par la séparation. On s'inquiète de ne plus pouvoir séduire. Comment fait-on d'ailleurs ? On a l'impression d'avoir tout oublié des jeux de la séduction.

Répulsion, car on est échaudé par sa dernière expérience de couple ! Pour rien au monde on ne souhaite connaître de nouveau une telle expérience. Riche des enseignements du passé, on a désormais l'intention d'avancer avec une extrême prudence.

Comme tout autre domaine de la vie psychique, le domaine affectif doit s'adapter à une nouvelle réalité. Que l'on soit parti(e) ou qu'on ait été quitté(e), on initie, après la confusion de la troisième étape, une période de convalescence qui, progressivement, débouche sur le désir de « refaire sa vie ». Il s'agit là encore d'un processus évolutif dont il est important de respecter la dynamique, en laissant à chaque étape le temps qui lui est nécessaire. Il ne faut pas aller trop vite, mais faire preuve de patience !

Ce processus se divise en trois grandes phases, que chacun vivra à sa manière, avec son « timing » propre :

Le repli stratégique pour panser ses blessures[1]

À l'aube de la séparation, on est sous le choc. Dans sa tête et dans son cœur, on est toujours marié (surtout si on a été quitté, mais aussi, dans une certaine mesure, pour celui/celle qui part). On est encore fortement conditionné par une multitude de réflexes de la vie conjugale : on fait les courses pour deux, alors qu'on est tout seul ; on planifie ses vacances en fonction des dates de disponibilité de son mari, avant de se rendre compte que ça n'a plus de raison d'être aujourd'hui ; on s'étonne presque de ne pas voir quelqu'un à la maison lorsqu'on rentre du travail. Les semaines et les mois passent, et on est bien obligé de se confronter à l'évidence du non-retour. Ce changement de vie est tellement radical et bouleversant que la recherche d'un nouveau partenaire est tout sauf une priorité – surtout quand on a été quitté(e) ! Profondément ébranlé dans les fondements de son être, on doute de soi, de son physique et de sa capacité à séduire, hanté par le spectre du rejet ou de l'indifférence. Certains sont parfois tellement terrifiés par ce vide relationnel qu'ils se précipitent aussitôt dans une nouvelle relation dont les chances de suc-

1. Ce temps correspond à la deuxième étape du processus de séparation et au début de la troisième.

cès sont plus qu'aléatoires. On est comme un animal blessé qui lèche ses blessures, au fond de sa tanière : on reste cloîtré chez soi, on a peur de sortir et de voir des gens ; l'avenir semble fermé, bouché, sans perspectives de bonheur. En moyenne, cela dure entre trois et neuf mois.

Et un jour, sans qu'on sache pourquoi, on réalise qu'on en a assez de rester inerte dans son malheur ; on se fatigue soi-même à demeurer dans ce marasme qui, même s'il a été nécessaire pendant un temps, est aujourd'hui plutôt un poids qu'un refuge. On a enfin envie d'autre chose : c'est le début de la deuxième phase.

Le désir ambivalent d'intimité – la crainte de l'engagement[1]

Au niveau relationnel, cette deuxième phase est un temps où on oscille entre une solitude dont on ne veut plus et un engagement à long terme dont on ne veut pas encore ! Ainsi, le compromis qui semble le plus viable, pour le moment, est de trouver des relations où on ne s'implique pas, où on ne risque pas de se mettre en danger émotionnellement. On prend bien garde de ne pas s'attacher, afin de ne pas souffrir en cas de rupture. L'important est de ne pas rester confiné dans la solitude ! En fait, la vérité est plutôt qu'on ne se sent pas encore mûr pour un nouvel engagement affectif. Il se peut même qu'on ait une « dent » contre le sexe opposé et qu'on garde ses distances pour s'en protéger, en ne s'impliquant que superficiellement. Cette phase est donc très souvent marquée par des relations sans lendemain (il y a bien sûr des exceptions !) : on fait le choix de relations « à orientation sexuelle », sans engagement affectif majeur.

1. Cette phase correspond à la fin de la troisième étape du processus de séparation et à la quatrième.

• Les relations « à orientation sexuelle »

Après le vécu monacal de la première étape, on sent renaître en soi le besoin d'une vie sexuelle. La force de ce désir peut être dérangeante ou troublante, tant par sa nouveauté que par son intensité. Cette montée en puissance ne concerne évidemment pas toute personne qui se sépare, mais elle est néanmoins très souvent décrite. Certains s'en étonnent, soit parce qu'ils n'avaient jamais éprouvé cela avant, dans leur couple, soit parce qu'ils avaient perdu l'habitude de ressentir un tel désir.

Comment comprendre cette accentuation du désir ? Tout d'abord, on sort d'une relation d'où le sexe avait certainement disparu depuis longtemps, ce qui crée, en soi, une situation de manque. La sexualité peut être aussi une manière de gérer la solitude. Il n'est pas rare, non plus, que le/la partenaire ne se soit pas gêné(e) pour faire certains commentaires désobligeants (voire humiliants) sur les performances sexuelles du couple, en se dégageant de toute responsabilité. Le doute s'est implanté en soi : suis-je aussi frigide qu'il le dit ? aussi lamentable au lit qu'elle le prétend ? On jouit aujourd'hui d'une nouvelle liberté sexuelle qui, même si elle est porteuse de nombreuses appréhensions, permet néanmoins de vérifier (et le plus souvent d'infirmer) ces accusations. Les nouvelles expériences sexuelles offrent ainsi l'opportunité de « réparer » une identité sexuelle malmenée pendant des années en montrant que « tout va bien ». Avoir de nouvelles expériences sexuelles permet enfin d'ancrer encore plus profondément la réalité de la séparation (même si, au début, il est possible qu'on ait l'impression de tromper son ex-partenaire, tellement est forte l'impression d'être toujours en couple !).

Redécouvrir la sexualité aide à réinvestir son corps et

contribue à stimuler les changements qui accompagnent la redéfinition du regard qu'on porte sur soi. On a envie de séduire (et aussi de se plaire à soi-même !) : on se remet au sport, on modifie ou rajeunit sa garde-robe, on arrête de fumer – autant de façons de se montrer qu'on est en train de tourner la page !

Dès qu'il s'agit de sexualité, il faut insister sur un point essentiel. Le sida et autres maladies sexuellement transmissibles (hépatite B notamment) n'étaient certainement pas une préoccupation majeure lorsqu'on était en couple. A priori, la sexualité se limitait au couple et la question du préservatif n'avait jamais été soulevée. Aujourd'hui, son usage est d'une actualité brûlante, car il constitue la seule et unique protection contre la transmission du virus du sida et des autres MST (maladies sexuellement transmissibles). Si on a des doutes ou des questions, il existe des associations de lutte contre le sida pour répondre à toutes les interrogations. Le sida est une menace dans tous les types de sexualité. Il est dangereux, pour soi-même et pour autrui, de ne pas se sentir concerné.

• Les relations sans engagement affectif majeur

Les relations sexuelles sans lendemain ne sont peut-être pas du tout ce que l'on recherche. Cela ne correspond pas à qui on est. On souhaite au contraire plus d'intériorité et plus d'intimité, mais beaucoup de personnes nouvellement séparées font le constat qu'elles ne sont pas prêtes à un engagement affectif plus poussé.

Cette quête d'intimité commence par soi-même : on apprend à exister en fonction de soi et non plus uniquement en référence à autrui. On a appris à ne plus fuir le silence de son appartement : on découvre le plaisir de passer du temps seul(e), à lire, à écrire ou à ne rien faire. Cette période de célibat aide à reconstruire sa confiance en soi, dans la mesure où on comprend qu'on n'a pas systématiquement besoin de quelqu'un pour se prendre en charge. Le risque de ce statut est de vouloir s'y installer définitivement, ce qui serait une manière de fuir toute nouvelle relation affective.

La recherche d'intimité est mitigée par la peur subtile d'un nouvel engagement : on sent bien qu'il est trop tôt. On éloigne délibérément toute éventualité de relation durable, même si on en a parfois envie. Ainsi, certains s'arrangent pour s'engager dans des relations qui ne pourront pas aboutir : leur nouveau partenaire est déjà marié et il est clair qu'il ne divorcera pas ; ils ne tombent amoureux que d'étranger(e)s de passage en France. D'autres s'attachent à des personnes qu'ils n'aiment pas vraiment, mais dont ils apprécient la compagnie ; la relation est perçue comme une situation d'intérim où on ne se pose pas trop de questions sur l'avenir. Bon nombre de ces relations semblent obéir à la règle des trois mois – ce qui correspondrait à leur durée moyenne de vie ! Sans mettre en doute la sincérité du ressenti et des liens qui se créent (même s'ils sont éphémères), on « utilise » ces relations comme des galops d'essai pour réapprendre les jeux de la séduction et de l'amour. On sait que telle ou telle relation ne va pas durer, mais, au-delà de son caractère plaisant, on expérimente d'autres modes relationnels et on prend de nouveau le risque de se montrer tendre et vulnérable. L'intimité implique proximité, confiance et attention à l'autre ; elle ne signifie pas nécessairement engagement à long terme. Si les deux partenaires sont bien lucides sur ce qui se joue entre eux (tous deux étant, par exemple, au même stade de leur processus de séparation), ils peuvent en tirer l'un et l'autre un réel bénéfice et se séparer « bons amis », le cas échéant.

Après quelques mois (ou quelques années) d'expériences diverses et de relations affectives plus ou moins longues, on réalise qu'on a fait le tour de la question. Cette relative frénésie de sexe et/ou d'activités sociales et/ou de relations sans lendemain n'est plus source de satisfaction. On s'ennuie même de ce qui est devenu une autre forme de routine. Plus profondément, on est maintenant rassuré sur cette nouvelle identité qu'on édifie jour après jour, tant au niveau sexuel que relationnel. On a réappris les codes en vigueur et on sait interagir avec autrui de façon plus satisfaisante. Mais il manque quelque chose. On est prêt, alors, pour envisager la dernière phase.

L'ouverture à une nouvelle relation

Nous sommes véritablement arrivés, ici, à la cinquième étape du processus de séparation. En effet, il arrive un moment où on se fait suffisamment confiance pour avoir envie de franchir le pas : on se sent désormais prêt pour une « vraie » relation, on désire un authentique investissement affectif.

La réussite de cette étape repose sur un paradoxe : *on atteint ce stade où on est véritablement disponible à autrui, quand on renonce à rencontrer, coûte que coûte, l'âme sœur !* Cette recherche d'une nouvelle relation est donc une sorte de « non-recherche ». Ça ne veut pas dire qu'il ne faut plus être attentif à ce qui se passe autour de soi, ni rien mettre en place pour rencontrer des gens nouveaux. Cela signifie simplement qu'on a renoncé à avoir, *à tout prix*, une relation. On a appris à exister en tant qu'être humain, sans l'impérieuse nécessité d'être en couple pour avoir l'impression d'avoir sa place dans la société. L'urgence angoissée d'être en relation a disparu. Dès lors, les signaux qu'on envoie à autrui, pour les inviter à une relation, sont d'une tonalité différente : après la peur de l'engagement ou la compulsion à séduire, on n'encombre plus l'espace relationnel entre soi et l'autre d'attentes désespérées. Bien au contraire, on irradie un calme tranquille ;

intuitivement, l'autre comprend qu'il peut être accueilli pleinement, sans qu'on attende de lui autre chose que ce qu'il est.

On sera d'ailleurs sûrement étonné par le type de personnes vers lesquelles on sera dorénavant attiré. Elles ne correspondront peut-être pas du tout à ce qu'on recherchait a priori ; par le passé, on voulait que nos partenaires soient comme ceci ou comme cela, en fonction de certains critères de sélection ; on s'imaginait que c'était un profil bien particulier qui pourrait nous convenir et nous rendre heureux. On se rend compte aujourd'hui qu'on souhaite avant tout rencontrer une personne authentique avec laquelle on pourra construire quelque chose de significatif, en accord avec qui on est devenu. Peu importe qu'elle corresponde ou non à l'idée préconçue du/de la partenaire idéal(e) !

À ce stade, tout est ouvert, tout est possible. Comme on ne cherche plus, c'est justement à ce moment-là qu'on a toutes les chances de trouver ! Cela pourra se passer n'importe où, n'importe quand ! L'essentiel est de rester sereinement vigilant, tout en continuant à prendre soin de soi. Une telle disposition d'esprit porte les promesses d'un véritable bonheur. Celui-ci naît d'abord dans les recoins de sa pensée ; c'est là que tout commence. Après, tout reste à faire ; mais ce n'est plus l'objet de cet ouvrage !

La redéfinition du rapport à soi-même

Une question fondamentale s'impose à l'issue du processus de séparation, une fois apaisé le tourment des premiers temps : quel type de personne suis-je en train de devenir ? Quels fruits puis-je retirer de cette séparation ? Qui suis-je aujourd'hui et qu'ai-je envie de devenir ?

Dans le meilleur des cas, on est devenu quelqu'un qu'on ne serait jamais devenu autrement. Une personne peut-être plus autonome, plus libre intérieurement et plus mûre, dotée d'une nouvelle confiance en soi. À l'autre extrême, on peut aussi se restructurer autour d'un retrait du monde, dans une sorte de dénégation de soi. Entre ces deux pôles, il existe autant de nuances qu'il y a d'individus !

Le processus de séparation n'est pas un film américain des années 50. Il ne s'achève pas nécessairement avec un *happy end*. Tout n'est pas toujours pour le mieux dans le meilleur des mondes ! Ainsi, « redéfinition de soi-même » ne signifie pas obligatoirement « redéfinition *harmonieuse* ». On se reconstruit avec le matériau que notre parcours de vie a mis entre nos mains : notre culture d'origine, notre éducation, nos stratégies de défense face au stress, nos forces et nos fragilités, la qualité de notre réseau relationnel, etc.

Même si elles constituent une minorité, certaines personnes ne se relèveront pas du divorce ou de la séparation. Elles réorganiseront leur vie autour d'un vécu dépressif qui se nourrira de rancœur envers autrui, de dévalorisation ou de haine de soi. À bien y regarder, la séparation n'est pas tant à incriminer que l'histoire de ces personnes dans leur globalité : on y retrouve une constante de déni, de culpabilité ou de non-existence. L'échec affectif n'a été qu'un événement entrant dans la logique d'une vie gâchée. La fin du processus de séparation n'est donc pas une promesse de vie heureuse à venir.

Hormis ce cas de figure, il est réconfortant de constater que la très grande majorité des personnes se relèvent de l'épreuve – souvent plus fortes, plus matures, plus profondes. Bien sûr, certaines cicatrices mettent du temps à s'estomper, d'autres restent à vie, mais sans pour autant hypothéquer l'avenir. Des débris du passé encombrent encore la route, mais une nouvelle image de soi se précise. Au mieux, on se découvre un plus grand espace intérieur où s'élabore un autre regard sur soi, par-delà les agressions des dernières années. Après le désarroi et l'impuissance, on se sent devenir quelqu'un de différent et, en même temps, on se « retrouve », comme si on reprenait enfin possession de soi.

Réinventer d'autres modes de vie

L' « après-séparation » (et la perspective éventuelle d'une nouvelle vie relationnelle) invite parfois à sortir des sentiers battus. Beaucoup de personnes (surtout après la cinquantaine) ne souhaitent pas par exemple s'impliquer dans une nouvelle relation « traditionnelle » et optent pour une configuration de vie où chacun vit chez soi, ne se réservant l'un l'autre que pour les bons moments ensemble. On jouit du plaisir de la relation de couple, sans avoir à supporter les contraintes du quotidien de la vie conjugale.

D'autres ne refont pas leur vie, soit par choix parce qu'elles ne le souhaitent pas, soit parce que les circonstances ne se présentent pas – en dépit des multiples possibilités de rencontres via Internet !... Même si la solitude est parfois pénible à vivre, certains préfèrent ne plus être en couple et choisissent de vivre de façon libre et autonome, en s'investissant dans d'autres domaines qui ont du sens à leurs yeux : un engagement dans la relation d'aide (ou autre) au sein d'une association ou d'une ONG, un engagement spirituel, etc. Ces personnes démontrent que la relation de couple n'est pas le seul accomplissement humain : le retour à la vie de couple n'est pas le critère de réussite d'un processus de séparation bien mené. In fine, il y a « succès » après une rupture quand on parvient à l'intégrer dans son chemin de vie et à lui donner du sens. Il y a « succès », quand on parvient à en faire *quelque chose de significatif pour soi.*

Les « bénéfices secondaires » de la séparation

On est parfois amené à faire un étrange (et réjouissant ?) constat : la séparation n'a pas créé que du malheur ! En effet, pour beaucoup, la rupture a été la suite logique d'une situation de non-retour qui ne laissait pas d'autre possibilité que celle d'avancer et de faire du mieux possible. Sans grands repères, il a fallu définir de nouvelles priorités et de nouveaux objectifs. Avec le recul des années, il faut se rendre à l'évidence : certains changements se sont finalement révélés extrêmement bénéfiques à long terme ; ils ont créé l'occasion d'un nouveau départ. Certains rencontrent le/la partenaire « idéal (e) » et ce n'est que le résultat d'une profonde remise en question initiée au détour du divorce : ils sont parvenus à changer des aspects névrotiques ou difficiles de leur personnalité ; le fait de se retrouver seuls leur a permis de faire le point sur eux-mêmes, alors qu'ils n'en avaient jamais pris le temps, quand ils étaient en couple. Pour d'autres, la séparation a été l'impulsion de prises de risques au niveau professionnel, relationnel ou artistique et, au regard du succès rencontré aujourd'hui, ils reconnaissent que ce n'aurait pas été possible s'ils étaient restés dans la douce anesthésie de leur vie de couple. Ainsi, on a « grandi », on a pris un nouvel essor et la séparation a joué un rôle déterminant dans cette découverte de soi.

Cependant, rien n'est définitivement gagné. Il est nécessaire de trouver de nouvelles marques par rapport à la personne qu'on était autrefois. On y est aidé par les circonstances qui nous contraignent à des actes : la situation actuelle est riche d'opportunités qu'on n'avait peut-être jamais envisagées auparavant, et il faut maintenant les saisir… mais aussi s'attendre à quelques erreurs et à quelques faux départs ! C'est normal et complètement prévisible. Le mot d'ordre est la flexibilité et l'exploration sans préjugés des différentes alternatives. On sait dorénavant que personne d'autre ne peut faire ce travail d'investigation à notre place. Que le bonheur, notre bonheur, est avant tout affaire d'intériorité et qu'il est vain d'attendre passivement que le monde extérieur nous apporte ce dont on a besoin. Il faut prendre les devants et aller le chercher ! Dès lors, tout est possible, tout est ouvert !

On a en soi des ressources qu'on ignore. Il ne faut pas hésiter à ouvrir le grenier de sa propre histoire : n'y a-t-il pas des rêves remisés qui n'attendent que nous pour être remis à l'ordre du jour ? des projets jamais vraiment pris en compte, faute de temps ou d'énergie ? L'imagination et le désir sincère de prendre soin de soi sont les seules limites à ce nouvel élan : l'important est d'avancer pas à pas, sans forcer mais avec constance.

Le processus de séparation apprend à réintroduire dans sa vie la notion de temps et, avec elle, celle de patience. On comprend que les choses du cœur et de l'esprit avancent à leur rythme et que ce rythme doit impérativement être respecté (même si on est très pressé !). Cela enseigne la patience envers soi-même dans tous les changements qu'on doit entreprendre, ce qui est source de tolérance, de pondération et de sagesse. L'enjeu est, encore et toujours, de donner sens et valeur à ce qu'on souhaite vivre. Il n'y a pas d'urgence ; il est inutile de se mettre la pression. Il faut réapprendre à se faire confiance : on est maintenant suffisamment fort pour prendre des risques mesurés.

Enfin, quel que soit son âge, les objectifs qu'on se fixe doivent tenir compte de qui on aimerait être dans cinq ou dix ans. Les projets doivent être élaborés avec un œil sur l'avenir. Vivre sa vie au jour le jour est une force, mais cette vision doit ménager un minimum d'anticipation. Sans cette précaution, on risque de naviguer à vue, par réponse automatique aux sollicitations immédiates de l'extérieur, sans perspectives à long terme. Les journées, alors, semblent remplies, mais on ne se donne pas de direction précise.

La séparation et la souffrance qui en a résulté sont sources d'enseignements. Elles sont l'occasion d'une remise en question de son système de valeurs et de croyances. *Qu'est-ce qui compte vraiment pour moi aujourd'hui ? Qu'est-ce qui est important ?* À chacun de trouver la réponse selon ses priorités et son histoire de vie. Mais il n'est pas rare que la redéfinition de soi passe par un questionnement de fond sur le sens des liens d'amour et d'amitié, de la confiance, de l'intimité, du pardon qu'on s'accorde à soi-même et qu'on accorde à autrui. Certains réévaluent la place à donner à la dimension humaine, par contraste avec celle qu'occupait autrefois la dimension matérielle. On interroge à nouveau la pertinence de certaines attitudes vis-à-vis de l'existence et du lien à autrui.

Ayant connu les affres de la dépression ou l'âpreté de la solitude et sachant maintenant les reconnaître dans les yeux de ceux qui se taisent, est-on dorénavant capable de plus de compassion, de douceur ou d'attention envers ces « autres » qui rencontrent les mêmes souffrances ? On bien s'est-on enfermé dans un monde clos où on fuit toute demande extérieure empreinte de trop de douleur ?

Exister pleinement

La cinquième étape du processus invite à se reconsidérer soi-même, sans que cette redéfinition de soi passe par le regard d'autrui. Pour certains, c'est une véritable révolution car ils n'ont jamais fonctionné ainsi ! Cela consiste à prendre de la distance par rapport à ce regard, celui-là même qui, selon nous, déterminait si oui ou non on était « quelqu'un de bien ». Quel pouvoir gigantesque accordé à autrui ! La bonne nouvelle est qu'il n'est plus nécessaire qu'il en soit ainsi. On peut être qui on est, sans avoir besoin d'être reconnu par ceux qui nous entourent. On apprend à ne plus rechercher, à tout prix, leur approbation, avec angoisse et fébrilité, en niant qui on est véritablement et ce qu'on désire vraiment pour soi-même. On renonce progressivement à tous ces efforts désespérés pour être le « gentil garçon » ou la « gentille fille », on cesse d'essayer d'être celui ou celle qu'autrui voudrait qu'on soit (celui ou celle qu'on *s'imagine* qu'autrui voudrait qu'on soit !).

On apprend ainsi à exister pour soi et en fonction de soi, sans échelle d'évaluation qui dirait si on a, ou non, de la valeur. Qu'on ne s'y trompe pas : il ne s'agit pas là d'un égocentrisme forcené ! Bien au contraire ! C'est parce qu'on existe pleinement par soi-même, sans support extérieur, qu'on cesse d'être en attente par rapport à autrui et d'envahir le champ relationnel de nos attentes inconscientes ! Quand on est trop dans le besoin d'exister dans le regard d'autrui, on n'est pas disponible ; on n'est pas là. On ne voit pas l'autre tellement on est à la recherche de soi-même ! Obsédé par ce besoin d'exister, on ne voit plus l'autre en tant que « sujet », mais uniquement en tant qu'« objet », un simple moyen pour nous faire exister.

Quand on se sent bien soi-même, on laisse l'autre exister, son existence et sa présence ne nous mettent pas en danger.

Il n'y a plus de compétition pour exister. L'autre sent bien qu'il a une vraie place auprès de nous et spontanément, naturellement, il recherche notre compagnie.

Une conséquence (non négligeable) de cette prise de conscience est qu'on parvient à s'estimer à sa juste valeur. On commence à mettre en lumière tout ce qu'il y a de bon, de beau et de précieux en soi, et cette découverte s'accompagne du ferme désir de ne plus « se brader » au niveau relationnel. Autrefois, on était peut-être prêt à accepter n'importe qui (ou n'importe quoi), afin de recevoir quelques bribes d'amour ou d'attention. Les rencontres étaient certainement plus faciles et plus nombreuses, mais, à bien y regarder, on ne se respectait pas. On se laissait être le jouet des autres, ballottés intérieurement par ce qu'on croyait qu'ils pensaient de nous !

Aujourd'hui, on veut reprendre les rênes de son existence. On formule le souhait de devenir plus exigeant dans ses choix relationnels, de préférer la qualité à la quantité. On réalise, en même temps, que cette exigence a un prix : elle tend à réduire, un tant soit peu, les opportunités de rencontres. Aujourd'hui, néanmoins, on est prêt à l'accepter ; on est prêt à attendre le temps qu'il faudra la (ou les) personne(s) susceptible(s) de correspondre à qui on est devenu. Jusque-là, on continue à vivre sa vie, parfois seul(e) au niveau affectif, mais conscient de sa responsabilité pour la rendre la plus riche et la plus harmonieuse possible. On a grandi, on a mûri, et cette disposition d'esprit donne une force intérieure considérable.

On comprend que l'amour entre deux êtres humains n'est jamais « parfait » ; il est illusoire de penser qu'il puisse en être ainsi. On réalise que l'amour ne peut pas « tout », qu'il est fragile, faillible et impuissant parfois à satisfaire les aspirations les plus profondes. On a aussi appris que l'amour pouvait ne pas durer toute une vie. Oui, il est possible d'aimer plusieurs fois et, chaque fois, d'être sincère et authentique, sans négation de ce qui a été vécu auparavant. La validité et la force d'un amour ne se mesurent pas au fait qu'il ait duré toute une vie. Il peut avoir un début, un milieu et une fin, sans que la valeur de ce qui a été partagé soit remise en cause.

Tout commence...

Nous arrivons à la fin de cet ouvrage... et pour vous, tout commence !

Ne rangez pas tout de suite ce livre dans votre bibliothèque. N'hésitez pas à relire certains passages de temps à autre : ce qui ne retient pas l'attention lors d'une première lecture peut se révéler important quelques mois plus tard.

J'espère que vous y avez trouvé des pistes pour négocier au mieux les obstacles qui se dressent – et se dresseront (!) – immanquablement sur votre route. Cette rupture est un temps difficile de votre existence, mais elle ne doit pas nécessairement vous écraser, ni vous plonger à tout jamais dans la dépression ou le désarroi. Avec courage et détermination, vous pouvez en faire un temps de croissance intérieure qui vous bénéficiera dans les années à venir. Il est réellement possible que cette épreuve fasse de vous une personne peut-être plus sage et lucide, plus consciente d'elle-même et de ses besoins fondamentaux. Elle peut être un tremplin pour une existence plus riche et plus en accord avec la personne que vous êtes véritablement.

Prenez le temps de réfléchir à celle qui vient de s'achever, afin de ne pas reproduire inconsciemment, dans votre nouvelle relation, des schémas relationnels dysfonctionnels appartenant au passé. Si, par exemple, vous voyez réémerger, dans votre nouveau couple, des problématiques identiques à celles qui vous pourrissaient la vie dans votre relation précédente, cela signifie clairement que vous êtes en train de transposer dans votre nouveau couple une difficulté *qui vous est propre*. Il est temps d'ouvrir les yeux et de faire un travail sur vous, afin de ne pas accuser à tort votre nouveau conjoint, comme vous l'aviez peut-être fait avec votre conjoint précédent !

Tentez du mieux que vous le pouvez de tirer des enseignements de votre relation passée ; c'est indirectement une façon de prendre soin de votre relation à venir. Vous y avez appris beaucoup de choses : certaines laissent un goût amer dans la bouche car vous les avez apprises « à la dure », d'autres vont vous être très utiles, comme une meilleure connaissance de vous-même, de vos priorités ou de vos valeurs.

Montrez aussi à vos enfants qu'en dépit de votre séparation, il est possible de garder intact le respect mutuel et la considération pour cette personne que vous avez autrefois aimée. Si le divorce n'a pas réduit votre relation à un champ de ruines, montrez à vos enfants que la communication et la prise en compte de l'Autre sont des atouts essentiels dans l'existence et que c'est une voie intelligente d'interagir avec autrui. Si vous vous engagez avec un nouveau conjoint, aidez-les du mieux possible dans les méandres de la famille composée, en respectant leurs besoins, tout en posant clairement la légitimité de votre désir de construire une nouvelle relation d'amour.

Tant de choses restent encore à mettre en place, tant de choses restent à accomplir ! Vous avez maintenant compris que le chemin qui se dessine devant vous sera en grande mesure à l'image de ce que vous déciderez qu'il soit. Soyez assuré(e) que vous pouvez en faire quelque chose de pacifié et de finalement harmonieux, même s'il est initialement douloureux. N'oubliez jamais qu'il y a en vous plus de ressources que vous ne pensez, même si vous avez l'impression d'être laminé(e) par les événements. Apprenez à vous faire confiance et ayez l'humilité de solliciter de l'aide si vous vous sentez dépassé : il est parfois trop difficile (et totalement inutile) de cheminer seul(e) dans de telles circonstances.

Plus que jamais, prenez soin de vous et, envers et contre tout, essayez de faire à chaque instant le choix de la Paix et de l'Ouverture.

Annexe

Quelques adresses

Voici quelques ressources susceptibles de vous aider. Il en existe beaucoup d'autres ! Cette liste est loin d'être exhaustive.

Association des divorcés de France
8, rue Albert-Bayet, BP 10380 75626 Paris Cedex 13
Tél. : 01 45 86 29 61
Internet : ddf.asso.fr

Centre national d'information et de documentation des femmes et des familles (CNIDFF)
7, rue du Jura, 75013 Paris
Tél. : 01 42 17 12 00
Internet : cnidff@cnidff.fr

SOS Papa
84, boulevard Garibaldi, 75015 Paris
Tél : 01 47 70 25 34
Internet : sospapa.net

Inter Service Parents
5, impasse Bon-Secours, 75011 Paris
Tél. : 01 44 93 44 93
Internet : ecoledesparents.org

Association pour la médiation familiale (APMF)
11, rue Beccaria, 75012 Paris
Tél : 01 43 40 29 32
Internet : apmf.fr

Association pour le couple et l'enfant à Paris (APCE75)
228, rue de Vaugirard, 75015 Paris
Tél : show01 45 66 50 00show
Internet : apce75.fr

Femmes Info Service (Violence conjugale)
Permanence téléphonique : 01 40 33 80 60

Sida Info Service
Permanence téléphonique : 0 800 84 08 00 (appel gratuit d'un poste fixe)
Internet : sida-info-service.org

Alcooliques Anonymes
Permanence téléphonique : 09 69 39 40 20 (antenne de Paris)
Internet : alcooliques-anonymes.fr

SOS Femmes
Tél. : 39 19
Internet : sosfemmes.com

Sur Internet, vous trouverez de nombreux sites d'informations juridiques, pratiques et financières, ainsi que diverses adresses d'associations et de professionnels avec les mots clés DIVORCE, SÉPARATION, FEMMES, PÈRES.

Quelques livres pour aller plus loin

André C., *Méditer, jour après jour, 25 leçons pour vivre en pleine conscience*, L'Iconoclaste, 2011.

Angel S., *La deuxième chance en amour*, Odile Jacob, 2006.
— *Réfléchissez avant de divorcer*, Odile Jacob, 2016.

Barroux C. et Geberowicz B., *Le couple face à l'arrivée de l'enfant*, Albin Michel, 2014.

Cadalen S., *Inventer le couple, préserver le désir au quotidien*, Eyrolles, 2006.

Chandernagor F., *La Première Épouse*, LGF, « Le Livre de poche », 1999.

Charest R.-M., *La dynamique amoureuse, l'alchimie du couple*, Albin Michel, 2011.

Charest R.-M., Kaufmann J.-P. et Lamy A., *Oser le couple, les clés de la vie à deux*, Le livre de poche, 2013.

Clerget S., *Séparons-nous, mais protégeons nos enfants*, Albin Michel, 2004.

Covey S., *Réflexions quotidiennes à l'usage de ceux qui réalisent tout ce qu'ils entreprennent*, First, 2000.

Corneau G., *N'y a-t-il pas d'amour heureux ?*, Robert Laffont, 1999.

Cottraux J., *La répétition des scénarios de vie : demain est une autre histoire*, Odile Jacob, 2001.

Cowan C. et Kinder M., *Les femmes qu'ils aiment, les femmes qu'ils quittent*, Robert Laffont, 2001.

Cyrulnik B., *Sous le signe du lien*, Hachette, 1997 ; *Un merveilleux malheur*, Odile Jacob, 1999.

Dahan J. et Schonen E. de, *Se séparer sans se déchirer, La médiation familiale : renouer le dialogue*, Robert Laffont, 2000.

Dolto F., *Quand les parents se séparent*, Seuil, 1998.

Geberowicz B., *Les 7 vertus du couple*, Odile Jacob, 2015.

Hefez S. et Laufer D., *La danse du couple*, Fayard, 2013.

Lemoine P., *Souriez, vous êtes divorcés : si j'avais lu mon livre avant de l'écrire, j'aurais pas divorcé*, Robert Laffont, 2001.

Neuburger R., *On arrête ?... On continue ?*, Payot, 2013.

Salomon P., *La sainte folie du couple*, Albin Michel, 1994.

Sordo P., *Hommes/femmes : vive la différence*, Payot, 2016.

Vaillant M., *Comment aiment les femmes : du désir et des hommes*, Points Seuil, 2008.

Vaillant M., *Les hommes, l'amour, la fidélité*, Albin Michel, 2009.

Vaillant M. et Carquain S., *La répétition amoureuse*, Albin Michel, 2010.

Viorst J., *Les renoncements nécessaires*, Robert Laffont, 2001.

Table

2. Deuxième étape : l'annonce de la rupture

3. Troisième étape : au cœur de la tempête

4. L'enfant et la séparation des parents

5.
Quatrième étape : un temps de convalescence et de réflexion

6. Cinquième étape : vers un nouveau départ

Annexe

Du même auteur

Après le suicide d'un proche, Albin Michel, 2007.

Ensemble mais seuls. Apprivoiser le sentiment de solitude dans le couple, Albin Michel, 2009.

Maintenant ou jamais. La transition du milieu de vie, Albin Michel, 2011.

Vivre ensemble la maladie d'un proche, Albin Michel, nouvelle édition 2012.

Vivre le deuil au jour le jour, Albin Michel, nouvelle édition 2012.

Est-ce que tu m'aimes encore ? Se reconstruire après l'infidélité, Albin Michel, 2013.

Comment t'aimer, toi et tes enfants ? Le défi de la famille recomposée, Albin Michel, 2014.

www.christophefaure.com

Dans la même collection

Nadine Beauthéac, *Hommes et femmes face au deuil*

Claudine Badey-Rodriguez, *La vie en maison de retraite. Comprendre les résidents, leurs proches et les soignants*

Anne Belot et Joëlle Chabert, *Vivre le grand âge de nos parents*

Dr Clarisse Fondacci, *Le diagnostic anténatal et ce qu'on peut en attendre*

Micheline Garel et Hélène Legrand, *L'attente et la perte du bébé à naître*

Marcela Gargiulo et Martine Salvador, *Vivre avec une maladie génétique*

Catherine Garnier-Petit, *Mal de mère, mal d'enfant. Angoisse et bonheur dans la maternité*

Dr Bernard Geberowicz et Colette Barroux-Chabanol, *Le couple face à l'arrivée de l'enfant. Surmonter le baby clash*

Corine Goldberger, *Quand la mort sépare un jeune couple. Le veuvage précoce*

Catherine Grangeard, *Comprendre l'obésité. Une question de personne, un problème de société*

Chantal Hausser-Hauw, Pr Béchir Jarraya, Dr Frédéric Bourdain, *Vivre avec la maladie de Parkinson*

Philippe Hofman, *Une nouvelle vie pour les seniors. Psychologie de la retraite*

Dr Miguel Jean et Line Petit, *Le couple face à l'infertilité*

Ginette Lespine et Isabelle Gravillon, *Hériter sans se déchirer. Les enjeux affectifs de la transmission*

Dr François Marchand et Françoise Sorbier, *Des nuits sans insomnie. Pour en finir avec les troubles du sommeil*

Dr Christophe Massin et Dr Isabelle Sauvegrain, *Réussir sans se détruire. Des solutions au stress au travail*

Isabelle Méténier, *Crise au travail et souffrance personnelle*

Élise Ricadat et Lydia Taïeb, *Après le cancer du sein. Un féminin à reconstruire*

Composition : IGS-CP
Impression : CPI Bussière en avril 2016
Éditions Albin Michel
22, rue Huyghens, 75014 Paris
www.albin-michel.fr
ISBN : 978-2-226-31702-5
N° d'édition :14352/12 – N° d'impression : 2020718
Dépôt légal : mai 2016
Imprimé en France